U0512007

《鸿雁家国情——胡孟晋烈士抗战家书》
编审委员会

主　任：胡德新

副主任：杨道华　曹天生　王新宝

　　　　黄敬荣　李世昌　袁成文

　　　　郭照东

主　编：郭照东

副主编：彭劲秀　朱渝军　孙沂凤

鸿雁家国情

——胡孟晋烈士抗战家书

郭照东◎主编

蚌埠市新四军历史研究会
蚌埠市史志办公室
蚌埠市关心下一代工作委员会

全国百佳图书出版单位
时代出版传媒股份有限公司
安徽人民出版社

图书在版编目（CIP）数据

鸿雁家国情——胡孟晋烈士抗战家书/郭照东主编.—合肥：
安徽人民出版社，2018.11（2020.9 重印）

ISBN 978 - 7 - 212 - 10306 - 4

Ⅰ.①鸿…　Ⅱ.①郭…　Ⅲ.①书信集—中国—现代　②抗日战争—史
料—中国　Ⅳ.①I266.5　②K265.06

中国版本图书馆 CIP 数据核字（2018）第 257142 号

鸿雁家国情——胡孟晋烈士抗战家书

HONGYAN JIAGUOQING　HUMENGJIN LIESHI KANGZHAN JIASHU

郭照东　主编

出 版 人:陈宝红　　　　　　　　　　　责任印制:董　亮
责任编辑:蒋越林　　　　　　　　　　　装帧设计:陈　爽

出版发行:时代出版传媒股份有限公司 http://www.press-mart.com
　　　　　安徽人民出版社 http://www.ahpeople.com
地　　址:合肥市政务文化新区翡翠路 1118 号出版传媒广场八楼　邮编:230071
电　　话:0551 - 63533258　0551 - 63533292(传真)
印　　刷:合肥现代印务有限公司

开本:710mm×1010mm　　1/16　　印张:16.5　　　字数:280 千
版次:2018 年 11 月第 1 版　　2020 年 9 月第 3 次印刷

ISBN 978 - 7 - 212 - 10306 - 4　　　定价:40.00 元

版权所有,侵权必究

胡孟晋烈士（1912—1947）

胡孟晋烈士之妻张惠

（1915—2014）

目　录

序　言 ·· 丁继哲（001）

烽火家书

信念与真情的见证 ······························ 劳　章（003）

妇女抗敌协会讲演词 ······························ （008）

讲演注意事项 ··································· （016）

辞别书 ······································· （025）

晋致惠 ······································· （036）

吉祥致静兄 ··································· （057）

昶致华妹 ····································· （059）

吉群致进兄 ··································· （061）

许道德致镜兄 ································· （063）

吉祥致镜兄 ··································· （066）

吉群致进兄 ··································· （068）

昶君致桃园先生 ······························· （070）

昶致桃园先生 ································· （073）

祥致铸九兄 ··································· （075）

吉祥致志云学友 ······························· （077）

胡孟晋代张轼致母亲 ·· (079)

胡孟晋致钟铸九先生信封 ···································· (081)

胡孟晋致张朴先生信封 ······································· (083)

深切缅怀

胡孟晋烈士传略 ································· 张　轼(087)

乡村播火者　革命宣传员 ····················· 劳　章(092)

胡孟晋在皖江地区的斗争 ····················· 许　骥(095)

悼孟晋 ·· 张　轼(097)

难得的一封家书　珍贵的烈士遗作 ············· 劳　章(099)

见证皖江抗日烽火 ····························· 胡德新(102)

胡孟晋、张轼、张惠:我们家族传统是投笔从戎 ··· 钱珺陶(107)

献身革命　忠贞爱情 ··························· 柳　文(109)

胡永林传略 ···································· 郭照东(112)

关于嘉山县抗日民主政府建立之始末 ··········· 汪道涵(115)

媒体传真

百姓家书映射抗战烽火 ···················《人民日报》(123)

家书见丹心　浩气满乾坤 ··············《人民日报海外版》(127)

文化访谈录:烽火家书 ······················ 中央电视台(132)

胡孟晋烈士:劝妻共抗战　国危见忠臣 ········· 中央电视台(135)

《信·中国》第五期·胡孟晋烈士家书 ·········· 中央电视台(139)

烈士胡孟晋的致妻家书 ···················《解放军报》(146)

学习抗战家书　坚定理想信念 ……………………《解放军报》(149)

国不存，家何在？ ………………………………《解放军报》(152)

抗战家书：穿越血与火的回忆 …………………《半月谈内部版》(156)

国之不存家何在？ ……………………………《中国经济时报》(160)

铁汉亦有柔情时 ………………………………《中国经济时报》(166)

与妻辞别书 ……………………………《家书抵万金》编委会(171)

抗战烽火家书情 ……………………………………《辽宁日报》(178)

抗战家书：记录激情燃烧的岁月 …………………蚌埠广播电视台(182)

烽火家书见证抗战岁月的坚贞爱情 ………《蚌埠日报·淮河晨刊》(187)

央视《信·中国》诵读胡孟晋家书感动观众 …………蚌埠广播电视台(190)

蚌埠家书感动了全国 ………………………《蚌埠日报·淮河晨刊》(192)

"硬汉"吴京含泪读了这封来自蚌埠的家书

　　感动了中国 …………………………"蚌埠号外"微信公众号(196)

抗战家书书写家国情怀 ……………………………蚌埠广播电视台(199)

丰碑永驻

有一种力量让人心潮澎湃 ……………………………… 张磊峰(203)

继承抗战家书的家国情怀 ……………………………… 熊国平(206)

红色家书　激励后人 …………………………………… 陶世安(208)

抗战家书宣传反响热烈 …………抢救民间家书项目组委会办公室(210)

弃教驰疆场　马革裹尸还 ……………………………… 郭照东(213)

烈士胡孟晋的致妻家书 ………………………………… 彭劲秀(220)

胡孟晋家风："舍小家，顾大家" ……………………… 郭照东(228)

红皖家书：胡孟晋家书两封 …………………………… 郭照东(234)

穿越烽火　真情记忆 ……………………………… 郭照东(239)

15 封家书穿越烽火诉真情 ……………………………… 丰　静(245)

烽火连天家国情　一封家书抵万金 ……………… 陈　瑶(247)

战时家书抵万金 ………………………………… 张端宇(250)

后　记 ………………………………………………………… (252)

增订版后记 …………………………………………………… (254)

序　言①

今年是新中国成立 60 周年。在举国上下举办各种纪念活动迎接这一盛事到来之际，一部由蚌埠市新四军历史研究会、中共蚌埠市委党史研究室编辑的《胡孟晋烈士抗战家书》应运而生，可谓恰逢其时。

我和胡孟晋烈士曾共同战斗于皖江抗日根据地中心区无为地区。此时，皖江抗日根据地尚处于艰难时期，面临敌伪顽三股势力，特别是国民党广西顽军的封锁，形势复杂多变，胡孟晋同志就是在这样的环境下，随在淮南抗日根据地担任重要职务的张恺帆同志来到无为开辟工作的。无为是我的家乡，也是我投身抗日烽火参加革命的起点，由于我和胡孟晋同志共同战斗在无为这块抗日根据地，虽各自负责一方工作，但对有些情况还是了解的。我记忆犹新的是，胡孟晋同志刚到无为之初，任中共湖东中心县委所属的五区工委书记，工委下辖横山、洪巷、湖陇 3 个区委。五区位于巢湖以东，是中心区向南、向西发展的重要通道，敌我顽争夺激烈，为加强对这一地区的控制，沿江地委决定成立行使县委权力的五区工委，胡孟晋同志临危不

---

①　丁继哲(1919—2016)，安徽省无为县人，1938 年参加革命，1939 年加入中国共产党，曾任新四军江北游击纵队指导员、大队长、军事科长，无为县人民自卫纵队副总队长，新四军第七师第 60 团政治处主任。新中国成立后，曾任合肥市人民政府市长、市委书记，安徽省劳动局局长、马鞍山市委副书记、马钢公司党委书记，淮南市委书记、市革委会主任，蚌埠市委书记、市人大常委会主任，安徽省政协副主席等职。离休后，曾任省新四军历史研究会常务副会长。本文写于 2009 年。

惧,坚定沉着,依靠广大人民群众,顽强地坚持这一地区的革命斗争,为皖江抗日根据地建设做出了重要贡献。1945年,胡孟晋同志任中共白湖中心县委委员、宣传部长,我们共同在皖江迎来了抗战的胜利。不久,按照国共两党签订的"双十协定",新四军第七师和皖江地区地方党组织的许多同志奉命北撤,离开皖江,不料,这竟成了我和胡孟晋同志的永别。

胡孟晋烈士早年师范毕业后在家乡任教,在民族危难的时刻他毅然投笔从戎,不仅充分表现出了可贵的爱国主义情怀,也成了我们皖江抗日根据地的一位"秀才"。没想到在迎接新中国成立60周年的时候,一批尘封了几十年的家书展现在我们的面前。看到这些珍贵而难得的革命文物,情不自禁地把我带回了那段烽火连天的抗战岁月,不能不使我感慨万千。历经沧桑保留下来的胡孟晋烈士抗战家书,不仅是他亲友亲情的不朽见证,更是抗战这个时代难得的一份真实记录。我们可以透过家书这个侧面,重温这段血与火的年代,对于牢记国耻家仇,增强民族自尊心、自信心,弘扬爱国主义精神,对于继承抗战先烈遗志,传承革命前辈的优良传统和作风,推进安徽、蚌埠的科学发展,对于深化新四军历史研究,大力宣传"铁军"精神,凝心聚力,服务于和谐社会建设,都有着重要的现实意义。

改革开放初期,我曾在蚌埠工作,与胡孟晋烈士之子胡德新同志都在市委机关工作,工作关系使我们逐渐熟悉起来。我们从工作岗位上退下来后,又相继担任省、市新四军历史研究会的领导工作,共同开展新四军历史的研究和宣传。《胡孟晋烈士抗战家书》付梓在即,德新同志嘱我为之作序,我欣然应允。我以为,该书的出版,不仅是对为了新中国的诞生而献身的革命烈士的最好纪念,也是我们正在进行的中国特色社会主义伟大事业的不竭动力源泉。

以上数言,谨为序。

烽火家书

信念与真情的见证^①

——《胡孟晋烈士抗战家书》简介

劳　章

亲爱的战友胡孟晋烈士,1912 年生,1947 年牺牲,离开我们近 60 年了,但他的音容笑貌和战友情谊至今仍未能忘怀,我曾先后两次收集史料为他撰写了传略和碑文。

2004 年 11 月间,正值胡孟晋夫人、我的胞姐张惠(崇楣)90 岁前夕,我们夫妇特地去蚌埠看望她。几天的融融相聚,见她年高但不龙钟,走路轻快,声音洪亮,思维敏捷,交谈甚欢,内心欣慰之余深感她具有长寿的体质和心态。

胡孟晋烈士

临别时,大姐郑重地交给了我一个小包裹。这是一批包括破残书信和烈士遗作在内,历经沧桑和战火洗礼的革命文物。尤其是那一个小本本和十几封遗作手迹,距今业已近 70 个春秋,倍显珍贵。遗作虽大部分完整却有部分损坏,很难复原,真是可惜!

从蚌埠返回安庆后,"遗作"在我手中一张一张地裱托着,一字一句地抄录着,一行一行地品味着,一件一件地复印着,好似又回到少年时代在听他讲功课、受教育。诵读之余,感慨万千:这些遗作充分体现出一位共产党人所应具有的崇高的信念,坚强的斗志,高尚的品格,人间的真情。无怪乎老

① 安庆市新四军历史研究会编:《皖江烽火》第十辑,2005 年编印。收入本书时略有改动。作者劳章,即张轼,笔名又老章,为胡孟晋烈士的内弟、战友,曾任安徽省安庆市政协副主席。

烽火家书

姐姐在外包纸上郑重地写下了"这是我最珍贵的东西"9个大字！

《抗战家书》曾经历过一段极不平常的旅程。从抗战初期到解放战争，为防避日伪军和国民党军的搜查，大姐将它常年藏在土墙缝里，为防止霉变鼠咬，经常调换地方，年复一年不知转移了多少次。"文革"中还躲过了破"四旧"劫难。老姐姐对这份珍贵文物精心保存了60多年，没有对烈士刻骨铭心的爱做支柱，是万万不可能的。

逐件研读《抗战家书》后，我粗略感觉到有几件是精华，比较难得。

首先，是胡孟晋1939年底留给夫人张惠的那封《辞别书》。信中先是流露出浓浓的夫妻间恩爱情思，继而又从革命的高度大义凛然地教育说服着妻子：必须舍小家顾国家，为民族解放，为千百万劳苦大众的翻身解放而奋斗！

信中说："你爱人的走，不是故意的抛弃你，而是为着革命，为着（建立）独立自由幸福的新中国而努力奋斗的啊！""要革命成功，须经过困难艰苦的阶段……立定脚跟，具坚强之意志，任何之外诱，不可动摇的"，"在困难中锻炼成真正的革命者啊！""当此革命时期……要知道成千成万的灾民，千百万的劳苦大众，生活是多么的痛苦啊！人生是作伟大事业的，而不是做金钱的奴隶啊！"信中还希望妻子平时应"多多阅读书报"，增长知识；"好好教养二个孩子"，"安心在乡努力妇女解放事业，成为女英雄"！

这是他们夫妇间心声的呼唤，夫妻感情的真挚体现，同时也是共产党人坚定信念的体现。

其次，是胡孟晋为其夫人代拟的《在妇女抗敌协会上的讲演辞》，让她向广大农村妇女宣传抗日救亡，弘扬爱国主义思想，"先有国后有家"，动员广大妇女送夫送子参加抗日工作，把日军赶出中国去！至于《讲演注意事项》则是向其夫人传授他宣传抗日救亡运动多年经验的一个小结。

《讲演注意事项》对于今天初学宣传工作的人仍具有启发意义。例如，宣传要了解对象，在什么山上唱什么歌。在情绪上该乐的地方要乐，该悲的地方要悲，"才能感动人"。演讲中要学会举例子，如日军的奸淫烧杀、古代花木兰的代父从军等，凡与讲演主题相关的例子都行。

文中特别强调，在未讲演前要自己动手确定一个题目，预备好材料，要心中有数,第一段说什么,第二段说什么,末尾说什么……并举例说:日本为什么侵略中国,然后就预备材料。如第一段说:日本是帝国主义国家,其本质必然向外侵略……第二段:中国虽然物产丰富,但又是个弱国,受列强欺凌……末段讲:中国四万万人团结起来,武装起来,打倒日本……

最后,还有对妻子强烈的期待:

"努力吧,妇女解放的先锋!

练习吧,未来的演说家!

奋斗吧,革命的女英雄!

不怕困难,不怕失败,

不怕苦,升天下地皆可以!"

还有一封为内弟、战友张轼代写的给母亲的家书。1944年,张轼大哥张亢(悔龙)病故,同时也因为新四军家属迫于国民党顽固派的强大压力,母亲不得已,通过大姐写信转告儿子,促他回乡。其实这是国民党顽固派图谋瓦解新四军的一条毒计。

孟晋接信后,遂代替张轼写了一封回信,告之:若儿回家"要等待国运好转,民解倒悬的年头",并安慰她,这个愿望的实现已为期不远了,因为"近阅报载,意国已无条件投降,日本末日想亦可见。胜利时间迫近,不独国家幸运亦即我家之幸运,惟请大人等不可过急"。

这是一封动情说理的佳篇,在婉言推脱之际,预告儿子回乡的时候将是个"国运好转,民解倒悬的年头",且巧妙通报了即将胜利的国内形势。不几年则日本投降,蒋帮倒台,果然国运好转了,中国人民从此翻身做了主人!

《家书》中的信件,可做如下分类:

按时间分:一是参军初期国共合作较好阶段的1938—1940年;二是皖南事变后新四军亲属遭迫害阶段的1942—1945年。日本投降后,新四军第七师奉命"北撤",胡孟晋从此与家庭失去联系。

按内容分:第一类是参军初期节日期间的慰问信;第二类是商谈解决家庭生活困难(如反映国统区的苛捐杂税如何应对,春荒如何度过或找某人帮助等);第三类是查询立煌、桐城被日军攻占的消息等;第四类是关心胡德新、胡勋两个孩子的健康成长(嘱咐家人种牛痘,注意卫生等);第五类是

1943年转战皖江抗日根据地后,准备接妻子张惠去无为游击区"随军"生活等。

按收信人分:所有收信人只有两个是真姓名,即舒城百神庙镇邮局代办所的钟铸九先生(亲戚关系,前期多请他转信);另一位则是舒城县千人桥镇张朴(公开参加新四军的张轼三哥)。

为什么绝大多数信件用的是化名?这要特别说明当时的背景。孟晋入伍前办过"短小",当过教师和校长,算是家乡教育界名人。婚后夫妻感情深厚,育有两个男孩,为了抗日救亡,公开离妻别子参加新四军,当地豪绅莫不怀恨在心。1939年秋刘少奇到皖东后,受华中局派遣他一度回到舒城、庐江,联络地下党,了解国统区的各方动态,均以秘密身份活动,以防土顽迫害(当时被派往庐江的杨时和就因暴露身份而壮丽牺牲)。尤其在皖南事变前后,国民党顽固派掀起反共高潮,形势日趋紧张,国民党军在各地与新四军不断制造摩擦。因此,孟晋在与家属联系时,为安全起见双方通讯都采用了化名:孟晋曾先后用过"群""祥""吉祥""许道德""昶""昶君""昶敬"等化名。同时,张惠也有"华""桃园""志云"等化名。其间,用"静""镜""进"名义给妻子写信,可能就是孟晋借用己名"晋"的同音字,给家里报平安的一个巧妙方法。

1948年,张轼在山东解放区时,因病住入华东军区第一后方医院,因思念孟晋等失去联系的战友,便在报上刊登《代邮》(即今寻人启事),查询一些战友下落。华中后方机关留守处领导得悉后,便派张轼的老战友陈昭著(曾任上海市司法局领导)至医院告之胡孟晋的死讯。1949年初,张轼从鲁南下江淮军区四分区,在参加支前工作时,不料肺结核复发,被批准回乡休养,才得以将烈士情况告诉大姐。

不久,大姐决定北上将烈士遗骸运回家乡。经舒城县人民政府函请河北省故城县同意,她仅用一床棉被,自行千里将烈士遗骸运回,县领导无不敬佩称奇,并给予棺材一口进行重新装殓,安葬于故乡舒城钟家畈,立碑纪念。这便是一位妻子对爱情的忠贞表现,为家乡人民所广为传诵。

在战友、姐夫胡孟晋烈士家书重见天日之际,适逢祝大姐张惠90岁生日①,特赋诗一首,以示纪念、祝贺:

昔送丈夫去远征,随军敌后备艰辛。②

娘婆赡养费心血,日夕操劳教子孙。

四世同堂呈五福,一生勤勉誉千村。

今朝阖府祝华诞,但待期颐再举樽。

① 张惠,原名张崇楣,生于民国四年农历正月初一(1915年2月14日)。幼随父读《四书》,能写信看书读报。
② 1938年春,张惠满怀救亡热情送丈夫胡孟晋参加新四军,1943年后一度随军在无为敌后抗日游击根据地生活。抗战胜利前,因身孕返回故乡。

妇女抗敌协会讲演词①

各位保长先生！各位来宾！各位妇女同胞！

今天是某保妇抗会成立的一天，此会在各位保长先生领导之下，在各位来宾帮助之下，和各位女同胞努力下，将来定有光明的前途。本人的知识很简陋，没有很好的话向各位谈谈，请大家原谅！

现在我来谈谈这次中日大战中我们妇女同胞有没有负起抗敌救国的责任。

这次中日大战，是中华民族生死存亡的关头，中国要是打败了，马上就亡国，我们都是亡国奴了。亡国奴的生活痛苦得很，一时也说不完。中国要打胜了，就是个强盛的国家，将来没有外国敢欺侮了。我们要中国打胜仗，必须全中国四万万同胞，都团结起来，同心合力的去打日本鬼子，才能把鬼子赶出中国。但是我们看看，前线英勇杀敌的将士，大多是男同胞，我们妇女同胞参加救国工作很少，尤其我们乡村妇女同胞不但不上前线救国，而且阻碍他(她)的丈夫或是儿子去参加救国工作，这样是减少了抗战的力量，而无形中是帮助了日本。夫妻儿女团聚虽好，要知道救国是大家的事，日本鬼子来了大家都受奸掳毁杀之害，夫妻儿女失散，生命财产不保，种种痛苦很多。外国的妇女与中国就不同，当国难的时候，送自己的丈夫或是亲生的儿子上前线，并且说："不打胜仗不要回。"

---

① 写于 1939 年 11 月 20 日，地点为作者胡孟晋烈士的家乡安徽省舒城县百神庙。此前，胡孟晋自津浦路东抗日根据地回家探亲，与亲人团聚。探亲期间，胡孟晋不仅支持妻子张惠为抗日救亡积极工作，还鼓励妻子动员家乡的妇女组织抗敌协会等抗日救亡团体，并为妻子准备了这份讲演词和讲演注意事项。原件尺幅为 105×165mm。

妇女同胞们,我们也要学学外国女子的长处,虽不能直接上前线救国,我们在后方可以鼓励能上前方救国的人,或做有益国家的事,才不辜负我们妇女对国家的责任。

妇女同胞们,我们要团结起来,将妇抗会组织起来,和健全起来,真正的做些抗敌救国的事,一致努力打走日本强盗,以求中华民族的独立和幸福。

本人的知识很差,瞎说了几句,请大家原谅。

一九三九、十一、廿于舒①东

---

① 舒,指舒城县。

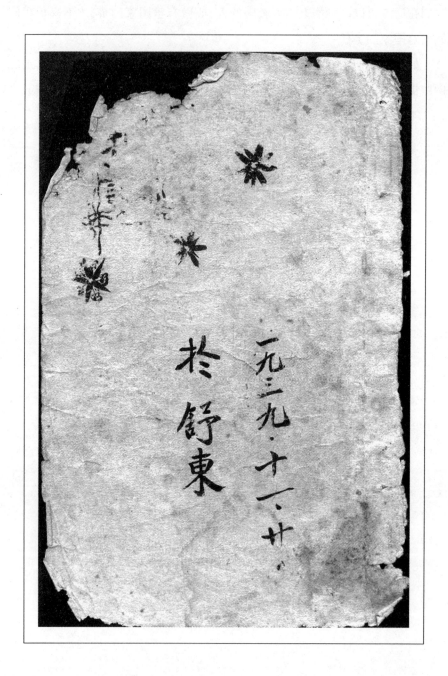

㈠婦女抗敌协会讲演词　　益利

各位保长先生。各位来宾。各位妇女同胞！

令天是某保妇抗会成立的一天此会

在各位保长先生领导之下，在各位来宾

邦助之下。和各位女同胞努力不将未定有

光明的前途。本人的知识简陋，没有很好

的话向各位诶诶清大家原谅！

现在我来诶诶区次中日大战我们妇女

同胞有没有负起抗敌救国的责任

这次中日大战,是中华民族生死存亡的关头,中国要打败了,马上就亡国,我们都是亡国奴了。亡国奴的生活痛苦得很,一时也说不完。中日要打胜了,就是个强盛的国家,将来再没有外日欺侮了。我们要中国打胜仗,必须全中国四万万同胞,都团结起来,同心合力的去打日本鬼子,才能把鬼子赶出中日。但是我们看看前线英勇杀敌的将士,大多是男同胞,我们妇女同胞参加救口工作很少，尤其我们乡村妇女同胞不但不上前线救口而且阻碍他的丈夫或是党子去参加救口工作，区样是减少抗战的力量，而无形中是帮助了日本。要知道救口是大家的事，日本鬼子来了大家都受其摧燃杀之害，夫妻党女失散，生命财产不保，种上痛苦很多。外国的夫妇女与中口采不同，每当国难的时候，送自己的夫主或是亲生的兔子上前線，並說："不打勝仗，不要回"。婦女同胞们，我们也要学上外国女子的長處，雖不能直接上前線救口，我们在後方可以鼓勵能上前方救口的人，才不辜負我们婦女國民做做有益口家的了對口家的责任。婦女同胞们，我们要團結起来，將婦抗會祖织起来，和建全起来，真正的普遍的大家做些抗敌

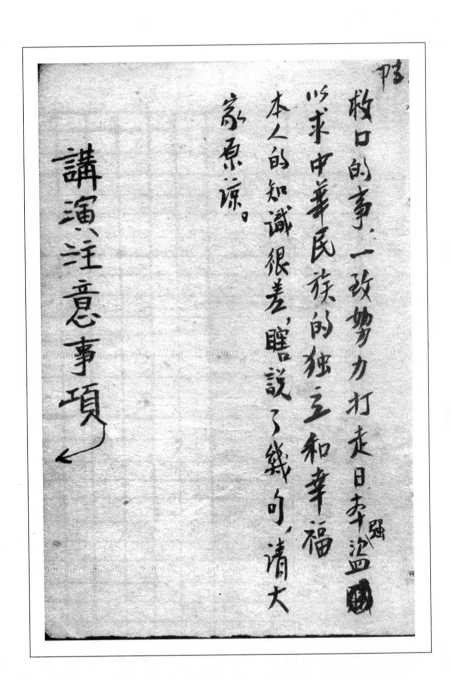

救国的事，一玫势力打走日本强盗国
以求中华民族的独立和幸福
本人的知识很差，瞎说了几句，请大
家原凉。

讲演注意事项

讲演注意事项①

（一）首先要知道会场上各种人或团体,如有工作团,或乡长、保长,其他参加的人等,开口称呼:各位工作团同志,方乡长,各位保长,各位来宾,各位妇女同胞……

注:各位、诸位,是指二个以上,多数人之称,只有一个乡长或一个保长,只能称某乡长、某保长。

（二）说话要明白清楚,要慢点,不要太快。声音不要太高,也不要太小,重要处声音宜高点。一句句的说,不要太急。

（三）目光要注意全场,不要对某一处望。

（四）态度宜和蔼,说到乐的地方要表示快乐,悲的地方要悲,才能感动人。

（五）不要怕丑,不要慌,胆子要放大。常说话就好了。

（六）要一句句的说话式的,不要像背书式的。

（七）说话不要太长,重要的、要紧的说。

（八）听人说的事,可发挥自己意见。

（九）说话时可举例子比譬,可引古语或俗语,或文句故事来说。

如说到日本奸掳烧杀事,可说出真事实来。

又如说"八十岁老妈砍黄稿②……"送丈夫从军。

---

① 写于 1939 年 11 月 24 日,地点为作者胡孟晋烈士的家乡安徽省舒城县百神庙。此前,胡孟晋自津浦路东抗日根据地回家探亲,并联系中共秘密组织。其间,胡孟晋不仅支持妻子张惠为抗日救亡积极工作,还鼓励妻子动员家乡的妇女组织抗敌协会等抗日救亡团体,并为妻子准备了讲演词和这份讲演注意事项。文末署名"群"为胡孟晋化名,"舒百"为舒城县百神庙。原件尺幅为 105×165mm。

② 黄稿,即黄蒿,一年生草本植物。

又如"木兰从军"故事等。

凡事与讲演时有关系的事或文句或古语,均可引出。

(十)未讲演之前要先预备材料,先预备一个题目,然后再预备第一段说甚么,第二段说甚么,末尾说什么。例如讲:日本为甚么侵略中国。然后就预备材料:

第一段说:日本是帝国主义,必须向外侵略……

第二段:中国是物产丰富,又是个弱国……

……

末尾段:中国四万万人团结起来武装起来打日本……

(十一)自己练习:初讲时私下多练习,在自己的屋内作会场,屋内东西当作许多人,站立着讲,就如开会时讲一样,多多练习,到正式开会时就能说了。

以上十一点是说个讲演大概,如能将以上都做到,再看人讲演,学人家的长处,去自己的短处,多多练习,多多听,大胆的讲,将来可成为演说家了。

努力吧,如女解放的先锋!

练习吧,未来的演说家!

奋斗吧,革命的女英雄!

天下无难事,只要专心耳。

不怕困难,不怕失败,不怕苦,

升天下地皆可以!

一九三九、十一、廿四,群于舒百①

---

① 舒百,指舒城县百神庙。

陆

救国的事，一致努力打走日本强盗国以求中华民族的独立和幸福。本人的知识很差，瞎说了几句，请大家原谅。

講演、注意事項 ←

（一）首先要知道会場上各种人或团体，如
有工作团或鄉長、保長，其他参加的人等，
開口称呼：各位工作团同志，方鄉長各位保，
長，各位來賓，各位婦女同胞……

※註：各位，諸位，是指二个以上多数人之称，只有一个
鄉長或一个保長。只能称某鄉長，某保長。

（二）說話要明白清楚，要慢点，不要太快。
声音不要太高，也不要太小，重要處
声音宜高点。一句句的说，不要太急。

P4.

(三)目光要注意全场，不要对某一处胡乱。

(四)态度宜和霭，说到乐的地方要表示快乐、悲的地方要悲，才能感动人。

(五)不要怕醜，不要慌，胆子要放大。常说话话就好了。

(六)要一句句的说话式的，不要像背出式的。

(七)说话不要太长，重要的要紧的说。

(八)听人说的事，可发挥自己意见。

(九)说话时可举例子比譬，可引古语

或俗语或文句来说。故事 如说到日寺

姓楊娘殺事，说出真事实来。

又如说："八十岁老妈砍黄稿……" 丈夫种苣

又如「木蘭從軍」故事等，

双事与讲演时有关係的事或文句

或古语，均可引出。

中未讲演之前要先预备材料，先选

先预备一个题目，然後再预备第

一段说甚么，第二段说甚么，末尾说

什么。倒如讲、日本为甚么侵略

中口。先就预备材料

第一段说：日本是帝口主义，必须向外

侵略。……

第二段：中國是物产豐富，是个弱口……又

末尾段：中口四万万人围结起来武装起来

打日本……

由自己陳習。初講時私下多陳習，至自
己的屋內作会場，屋內東西当作許多人
站立聽講，就好開会時講一樣，多多
陳習。到正式開会時就能説了。

以上十二點是説个講演大概所能將
以上都做到，再看人講演學人家的長
處，去自己的缺短處，多多陳習，多
多聽，大胆的講，將来可成為演説家了。

P6.

努力吧，妇女解放的先锋．

演习吧，未来的演说家！

奋斗吧，革命的女英雄！

天下无难事，只要专心耳。

不怕难，不怕失败，不怕苦，

异天下地皆可以！

一九三九．十二．廿四．群　松节百

辞 别 书①

最亲爱的惠呵,我们又要离别了!当你听了离别的声音,或者不高兴吧!亲爱的!谁不愿骨肉的团聚,谁不留恋家庭的甜蜜,要知道国家民族重要,个人前途重要,因此又要别离亲人,而远征他乡了。

为了你的寂寞,为了你的思念,千里外的我,暂时停了救国的工作,越津浦跨淮南,到达别离一载的故乡来。

二月来的团聚欢谈,畅言国事,解释问题,你的政治水准提高了,民族意识加强了,革命的阵营中,增加一位健将了。

畸形发展的中国,教育不普及,人民的知识简单,而妇女尤甚,只要家而不顾国。大难当头,应踊跃赴前线杀敌,而妇女们,阻碍其夫或其子之伟志。希望你将无知识的妇女组织起来,宣传和教育她们,使伊等知道"皮之不存,毛何附焉?""国之不存家何在?"使她们不致含泪终日,倚门遥望前线上的夫、子早日归来呢!(望胜利归来)

惠,最亲爱的人,你是妇女中的先进者,对于我这次的外出,请不要依恋。要知道你爱人的走,不是故意抛弃你,而是为着革命,为着独立自由幸福的新中国而努力奋斗的啊!

家庭经济之困难,生活之痛苦,我是深知的。要革命成功,须经过困难艰苦的阶段,当此环境中是要立定脚跟,具坚强之意志,任何之外诱,不可动摇的。"国危见忠臣",在困难中锻炼成真正的革命者啊!

---

① 《辞别书》写于1939年11月28日,地点为作者胡孟晋烈士的家乡安徽省舒城县百神庙。此前,胡孟晋自津浦路东抗日根据地回家探亲,并联系中共秘密组织。归队前夕,胡孟晋书写此信与妻子张惠告别。文末署名"群"为胡孟晋化名,"舒百"为舒城县百神庙。原件尺幅为105×165mm。

"富贵反多忧"，钱是要人用，不要给钱用了人。在此抗战时多少富翁成寒士，由此看来金钱不足恃也。对于穷人要客气，要同情他。对富人要与对普通人一样。对于守财奴，少与之来往，因为他只认钱，不认人。这些人不要看起他，但与之面子往来而已。

惠呵，我们要认清时代，当此革命时期，家庭衣食可维持就够了，不要有其他念头。要知道整千整万的难民，千百万的劳苦大众，生活是多么的痛苦呵！人生是要作伟大事业，而不是做了金钱的奴隶呵！太看金钱重的人是最污脏的，不要与之往来。

爱人呵！你在无事的时候，多多阅读书报，可使你知识进步，多多想工作的方法，切不要空想，也不要太挂念在外的我，劳神伤身，于事无益。好好教养二个小孩①，切忌打骂。处家事，对外人，言语态度等事，可参考我的日记②和通信，要切实的做，不然我的心思枉费了，请你真正的做吧。否则，太对不起在外的人呢！

最亲爱的人！你不要太念我，你的厚情我是知道的，我不是个薄情的人，请你放心，决不辜负你的热情呵！

在外的我，身体自知珍重，一切当知留心，请你安心在乡努力妇女解放的事业成为女英雄，我在外对革命之伟业亦更加努力呵！别了！别了！

　　此致

敬礼

　　　　　　　　　　　（民国）廿八、十一、廿八，群于舒百

---

① "二个小孩"，分别指长子胡德新、次子胡勋。
② 作者日记20世纪50年代初被安徽省六安军分区政治部一干事借去未还。

辭別書

最親愛的惠呵：我们又要離別了；

當你聽了離別的声音，或考不高哭吧！

親愛的誰不顧骨肉的團聚，誰不留念

家庭的甜蜜，要知道口家民族重要，個

人前途重要，因此又要別離親人而遠

征他鄉了。

戀

P7

为了你的寂寞，为了你的思念，千里
外的我，暂时停了救国的工作，越津浦
跨淮南到达别离一载的故乡来。

二月来的团聚欢谈，畅言国事，解
释问题，你的政治水準提高了，民族意
識加强了，革命的陣营中，增加一位
健將了。

時形发展的中國，教育不普及，人民的知识简单，而婦女尤甚，只要家而不顾國、大難當頭，亦踴躍赴前線殺敵，而婦女们，阻碍其夫或其子之偉志。希望你将無知識的婦女組織起来，宣傳和教育她们，使伊等知道

「皮」之不存,毛何附焉「國之不存,家何

在? 俊,她们不致合淚終日,倚門遙望

前線上的夫子早日归来呢!(迎勝利归来)

惠,最親愛的人,你是婦女中的先進

者,对於我这次的外出,请不要依戀,

要知道你愛人的走,不是故意的抛棄

你,而是为着革命,为着独立自由

幸福的新中口而努力奋斗的啊,

家庭经济之困难,生活之痛苦,我

是深知的。要革命成功,须经过国难

艰苦的阶段,当此环境中是要立定

脚跟,坚强之意志,任何之外诱,不可

动摇的「國危見忠臣」在困难中锻

炼成真正的革命者啊!

"當貴反多憂，錢是要人用，不要給錢用了人。在此抗戰時多少富翁成寒士，由此看來金錢亦不足恃也。對於窮人要客氣，要同情他。對富人也要与普通人一樣，對於守財奴少与之來往，因為他只認錢不認人，这些人不要看起他，但与之面子往來而已。

惠呀，我们要认清时代，当此革命时家庭、衣食可维持就够了，不要有其他念头，要知道整千整万的难民，千百万的劳苦大众，生活是多么的痛苦呀！人生是要作伟大事业，而不是做了金钱的奴隶呀，太看金钱重的人是最污脏的，不要与之往来。

爱人呵！你在無事的時候，多多阅读书报，可使你知识進步，多多想念工作的方法，切不要空想，也不要太掛念在外的我劳神傷身，於事无益。好好好养二个小孩，切忌打骂，虑家了，对外人，言语態度等了，可参考我的日记和通信，要切实的做，不笔的心思枉费了，请你真正的做吧，否则太对起在外的人呢，

最亲爱的人，你，不要太念我，你的厚
情，我是知道的，我不是個薄情的人，请
你放心，决不辜负你的热情呵，
在外的我，身体自知珍重，一切当知
留心，请你安心在鄉努力妇女解放
的事業，成为女英雄，我在外对革命
之偉業怎更加努力呵，别了，别了，此致
敬礼

廿八.十.廿六.群於舒百.

晋 致 惠①

惠,我亲爱的妹妹!

　　发给你的第一封信和第二次的明片,你都收到否? 我生怕我的爱妹没有收到我的信,而暗地在思念我,渴望着你的人的佳音呢? 或者要心里想,他在外快乐,那记得在家的我?

　　亲爱的人,我无时无刻不在记念你,看见她们我就想起了你,晚上睡时看见被条我又想起你,想起你替我洗被,缝被,并且送给我的花红被,夜夜同我作伴,温暖的不使我寒冷,虽然我两不在一起,抱暖温之被而睡,亦可自乐了! 我的人呵! 现在我倒感觉两人同睡的温暖而乐了,但是,事实上是不可了,以待机会再来时,我们尽量享受吧! 这话完全出于本心,决不是来骗你的。看看脚上穿的鞋又想起你替我做鞋的情形,一针一线的缝,有时不讲情的针,还要刺痛我爱人的手指,甚至于流滴鲜血,有时不讲交情的线故意的折断,来阻止你替你的爱人做鞋,有时小儿的吵,你即解开苏胸,将雪白而温柔的乳给他吃,小儿最喜欢的是它,使他不哭,但是还有喜欢它的是谁呢? 能消气解愁,能使精神快乐,能使青年人上进,亦可使青年人堕落,两年前的我,差不多整日沉醉其中了,而今想来又何尝不想念呢,温暖的,柔软的□□□□的……何不令我留恋呢? 但是没有办法的呵! □□□□□□享受吧!

　　□□□□倒蛋,小孩子的哭泣,时间的仓促,但是我的□□□□终于一针一针的做好了鞋,现在我很容易的穿在脚上,有什么情意来感谢我的惠妹

---

　　① "晋",指作者胡孟晋;"惠",指胡孟晋妻子张惠。原件无时间,从内容判断,应是1940年春节前夕。共10页,前6页(3张)尺幅均为182×255mm。系对折展开;后4页(3张)尺幅均为116×175mm。为便于阅读,将对折的前6页分为12页刊印。

呢？唉！我太对不起我的爱人了，不但不能报答你的真心，而使我的爱妹整日的思念，正日①的麻烦，正日的生活困难，正日的小孩子吵闹，……我也不忍心的多说了，我永记心头，将来报答吧！

我唯一的惠妹呵！两月的团聚，我回想起来太对不起我亲人了，我为什么在这两月中，不好好的与爱人过双居的生活，尽量享受天伦之乐呢！而时常与我的人发生争吵使为我的爱妹不快乐，精神痛苦，感觉人生无趣、不舒服呢？是不是我两感情的不好，或另有所思呢？我决不是的其他人、决不是忘情负义的人，然而其中是什么原因呢？不外乎是：双方的皮气②不好，生活的困难，小孩的吵闹，等等，所奏成③的不和气，但是事过后还不是一样吗？不过当时争执时甚至于要动武，但是事后思起总是懊悔的，大多是我不对，我实在对不起我的爱人，对不起我们同居的惠妹，对不起我唯一的情人，对不起吃苦受罪的你，对不起终日劳碌的新、勋④之母，对不起同枕的妻儿……唉！请我的人宽恕我吧，原谅你的人吧。

亲爱的惠妹，你或许要说，他在外面消遥，那儿还记得在家的人？外面热闹那里还记得在家烦恼的人呢？若是这样思，那就错了，要知道：千里归来，两月的相聚，是不简单的一回事，虽然表面上的争吵，那不过是皮气而已，爱人呵，还有人到今未回，一日不能聚，是多么的苦呢？

我若是个寡汉，在外面到快乐得多，家里无须在心，就是因为有了爱人而时常记在心头，念着你，这样一说你也许要气着说："还是死去的好，以免他在外挂念着我。"爱人呵！如果你这样说，你对不起你的人，因为死去了永远不能再见爱妹了，十余年的拣选，浓密的情感，真实的爱，小孩的教养，我将一生是个寡汉，在外没有人记着我，时时念在心，那我成为一个疯狂的人了，……爱人呵！你千万不能死，也希望你不要提到死，你的人决与你白头偕老，将来过着快乐而幸福的日子，以补少年时的离别之苦。四十、五十不为老，还是过快乐的日子之时呢！爱人儿！这样你也许说时间太长了，希望

---

① "正日"，即整日。下同。
② "皮气"，即脾气。下同。
③ "奏成"，即凑成。
④ "新、勋"，分指长子胡德新、次子胡勋。下同。

马上即过团聚生活,请你等着吧! 也许最近是可以的,请不要着急吧! 因为心急马行迟,请你细心的教养孩子,努力做事,抱乐观,就好了。

亲爱的人呵! 当你在看这封爱情信时,也许小儿在吵哭,要你抱着走去玩。你因为要一口气看情书,小儿还是不肯,也许我的人要打小儿了,爱妹! 请你千万不要打他,因为他不懂人事,他不知道你在干马①,小孩虽然讨厌,但是人家没有小孩还行吗? 那人家说"秃皮古"②"绝代的"是多么的难听呢? 虽然有了小孩子,能减少青春之乐和许多烦恼,但是还有许多人家,天天烧香祈祝观音老母送子来呢! 爱人呵! 小孩子要去玩你就代他去吧,以免他哭,等一会再看情书吧!

亲爱的惠,小孩子是可爱的,你不要讨厌他们吧! 也不要以为孩子多了就麻胡③的养,那是不对的,同是小生命同是血汗而得来的,请你耐心的养大他们就好了!

今冬久晴,明春恐有人灾,要注意防疫,注意卫生,食物要清洁,家里常大扫,衣服常洗换,洋沟水要打净,不要存留,不要堆垃圾,生病时要请人看,医药有相当效的,不要舍不得钱,钱也要人用的。种牛豆④(即放苗)是重要的事,明春要早种牛豆为是。新、勋均要放苗,你也可以补种,不一定要某人种苣,街上金某会种,可给他种也可。

亲爱的人! 当你接到这封信时,也许是忙着过旧年了,你不要因为你的爱人不在家,而你不忙着过年,亲爱的人,请你还要振起精神来忙年吧! 过年时多办点菜物、糖果等,不然小孩子们是真苦了!

当过年时,人家男女老小都穿花花的,你也许心里有点感觉:"若是我人在家,就好了。"但是你人在家,也许在新年要同你吵架呢! 亲爱的! 请不要那样想吧,你同小孩们也应穿花花的,很快乐的过年吧! 不要因我不在家而你们也不过年了,亲爱的! 来日方长,将来过年的时候多着呢! 何况不在家过年的人很多呢,谁没有家室? 谁没有爱妻爱子呢!

---

① "马",即吗。

② "秃皮古",即秃屁股,指没有子女之意。

③ "麻胡",即马虎。

④ "牛豆",即牛痘。

亲爱的惠呵！我现在感觉叉麻雀①是多么快乐的事呵，火烘得暖暖的，脚儿温温的，身体很舒服，精神很快乐，手儿摩着：红中，白板，鸦当开，是多么有趣呵！尤其是有亲爱的人在面前，更是快乐，更是幸福，若是生人叉雀我是不愿意的，亲爱的，等有机会时，我一定要与我的人多叉几场麻雀呢！

亲爱的惠！家庭的事你也应负责，老母有年纪，主张不定、怕事，你应当看事之轻重，如何办理为是。不要太软太弱了，人家不怕，什么事吃亏。太硬了也不好，易得罪人。人若侵犯，决不怕他，要大胆的去干，平时与人和气。乡里捐费重，可与保甲长谈，不能以田地来出费，常年费不能太重，可与之好好说，以大帽来盖他们。

明春吃粮不够，可向道衡先生借点，或许不要生利。门口的他们太坏，借点米还要利，什么亲戚，外人也不如，守财奴们，不要太重视他，与之平常交可也。有许多人以为有钱了不得，但是有钱他能保着一生吗？将来要吃苦的也是他们。我家虽然贫，只要年岁好，保过日子就是了，目前请你受点苦吧！真对不起你呢！

亲爱的惠妹，你的烦闷可尽量减少，请放快乐点，终日闷是伤身体的，也无益的。你真闷的时候，可到外面去玩玩，和人谈谈心，开开味儿，精神就好了，身体也可长得好，白白的和胖胖的，如三年前的身体，我是最喜欢的，最爱的，请你好好养保贵体吧！省得我的挂念！下次再会面时，我是向你要的。

亲爱的惠妹！谈起过年我又想起正月初一是新年，而又是我的爱人的生日，千里外的我，没有甚么礼物送给你，更不能亲来拜年，实在是对不起我的爱妹，但是没有办法，只好写这封信寄来，一方面敬贺你新年快乐，身体健康，再方面祝你寿如南山，福比东海，爱人儿！你要快乐吧！在千里外的爱人，来信贺年祝寿是多么幸福的呵！我的好人呵！我最希望你，过了新年后，一切烦恼丢开，一切心思放下，打起快乐的精神来过日子，好好的教养小孩，努力做你应做的事，请你接受你爱人的话吧！

我最亲爱的人呵！这样热烈的称呼还不能令我对你的亲爱，我也不知

---

① "叉麻雀"，即打麻将。

怎样的喊你才好,我实在的太爱你了,所以还嫌这称呼不好呢!我的爱人,我的心,我的肉,我的妹,心肝……这样呼起太肉麻了,人看了要笑了。

亲爱的妹!我每次信上所说的话,和我在家所谈的一切,如小孩教养、放开心、抱快乐,等等,你要实行的。因为你的爱人时刻的挂念你,并且在百忙中,花了许多时间,费了很大的心思来写信给我的爱人,而我的人虽听了我的话,而不真正的做,还是打骂小儿,心还是放不开,还是愁念,请你想想,还对得起在外的人吗?

最亲爱的人儿!你或许有很多的心思要向在外的人谈吧!请你在无事时可以将你要说的写下来,有空时就写点。因为你在家很忙,不能一会就写好信的,今天想起了什么事,今天就写上,明天想起要说的,明天再写。我写这信也是写了几天呢!因为时间关系,一下子怎能写这样长的信?爱妹!你将信写详细点,家庭一切均可写,将写好后放在一定的地方,等我来信告诉你的地点,你将信马上寄来,又省时间,又免临时写信来不及,小孩又要抱,太忙了你又要发火,而信上的话又不多。你写信时,厚纸可写两面,字写小点。因为信纸太多不好寄呢!写信不要太费纸,写坏了不要紧,不要再换纸写。一方面浪费纸,一方面费时间,字写不好没有关系的,因为是我爱人写的,不好也是好的,是香的,是甜的,是蜜,是果……

亲爱的妹!某人要问一君有孕否?如果真有孕的话,请爱人劝劝他,不要因此而愁闷,虽然是痛苦,但是免不了的事,是爱的结晶品。来信时说一下。话太多了,一时说不完,下次再说吧。

爱人儿!这信是来早贺年的,下次的信大概在正月寄来,请你不要因为没有信而挂念!你的人是个明白人,一切自知慎重,生活比以前好得多呢!

祝你快乐!

你的爱兄晋

惠.我最亲爱的妹妹！

发给你的第一封信和第二次的明片.你都收到否.我生怕我的爱妹没有收到我的信.而暗地在思念我.渴望着你的人的佳音呢.或者要心里想.他在外快乐.那记得在家的我亲爱的人.我无时无刻不在记念你.看见她们我就想起了你.晚上睡时看见被条我又想起你.想起你替我洗被.缝被并且送给我的花红被.夜夜同我作伴.温暖的不使我寒冷.虽然我两不在一起.抱暖温之被而睡.亦可自乐了.我的人呵.现在我倒感觉两人同睡的温暖而乐了.但是事实上是不可了.以待机会再来时.我们尽量享受吧.这话完全出于本心.决不是来骗你的.

看看脚上穿的鞋又想起你替我做鞋的情形,一针一线的缝,有时不讲情的针,还要刺痛我爱人的手指,甚至於流涌鲜血,有时不讲交情的很故意的折断,来阻止你替你的爱人做鞋,有时小虫的吵,你即辞开苏胸,将雪白而温柔的乳喂他吃,小虫最喜欢的是地,使他不哭,但是还有喜欢地的是谁呢?能消气解愁,能使精神快乐,能使青年人上进,亦可使青年人堕落,两年前的我,差不多整日沉其中了,而今想来又何尝不想念呢,温暖的柔软的的……俺不令我苗恋呢?但是没有办法的呵!
享爱吧

……倒蛋,小孩子的哭泣,时间的仓卒,但是我的……念格一针一针的做好了鞋,想在我很容易的穿在卸上,有什么情意来感谢我的惠妹呢!唉!我太对不起我的爱人了,不但不能,报若你的真心,而使我的爱妹整日的思念,白日的麻烦,白日的生活用难,白日小孩的吵闹……我也不忍心的多说了,我永记心颁,将来报若吧,我惟一的惠妹呀,两月的团聚,我回想起来太对不起我亲人了,我为什么在这两月中,没好好的与爱人过 双居的生活,尽量享受天偏之永呢!为時常与我的人发生争吵使为我的爱妹不快乐，精神痛苦，感觉人生乏趣，不舒服呢？是不是我俩感情的不好，或另有所思呢？我决不是的其他人，决不是忘情负义的人，然而其中是什么原因呢？不外乎是：双方的发气不好，生活的困难，小孩的吵闹，等等所奏成的不和气，但是事过后还不是一样吗？不过当时争执时甚至大打动武，但是事后思起海是懊悔的，大多是我不对，我实在对不起我的爱人，对不起我们同居的惠鸾，对不起我唯一的情人，对不起吃苦受罪的你，对不起今后劳碌的新智之母，对不起同枕的妻……唉，请我的人宽恕我吧，原谅你的人吧，亲爱的爱妹，你或许要说，他在外面消遣，那里还记得在家的人？外面热闹那里还记得在家烦恼的人呢？若是这样想，那就错了。要知道，千里归来，两月的相聚，是不简单的一回事，虽然表面上的争吵那不过是肯氧而已，爱人啊，还有人到今未回，一日不能聚，是多么的苦呢？

我若是个莽汉，在外面到快乐得多，家里毋须去心，就是因为有了爱人而时常记在颈，念着你，这样一说你必许要气着说"还是死去的好，以免他在外挂念着我"爱人啊，如果你这样说，你，对不起你的人，因为死去了永远不能再见爱妹了，十余年的拣选，灌溉的情感，

真实的爱，小玲的致养，我将一生是个赛汉，在外没有人
记着我，時時念在心，那我成为一个疯狂的人了，……
爱人呵，你千萬不能死，也希望你不要提到死，你
的人决与你白頭偕老，将来过着快乐而幸福的日
子以補少年时的的离别之苦，四十五十不为老，还是过
快乐的日子之時呢！爱人息！这样你也许说時间太
长了，希望马上即世团聚生活，请你等着吧，也许最
近还是可以的，请不要着急吧！因为心急马行匪
请你细心的致养孩子，努力做事快，艳景观，就好了。
                                                      抱

亲爱的人啊！当你在看这封爱情信时，也许小宝在吵哭，要你抱着走去玩。你因为要一口气看情书，小宝还是不肯，也许我的人要打小宝了，爱妹，请你千万不要打他，因为他不懂人事，他不知道你在读书，小孩虽然讨厌，但是人家没有小孩还行吗？那人家说"亮肚古""绝代的"是多么的难听呢？虽然有了小孩子，既减少青春之累和许多烦恼，但是还有许多人家天天烧香祈祝观音老母送子来呢！爱人啊，小孩子要去玩你就代他去吧，以免他哭，等一会儿再看情书吧！

亲爱的惠，小孩子是可爱的，你不要讨厌他们吧，也不要以为孩子多了就麻胡的养，即是不对的。同是小生命，同是血汗而得来的。请你耐心的养大他们就好了。

今冬久晴，明春恐有人灾，要注意防疫，注意卫生食物要煮熟，家里常大扫，衣服常洗换，洋粪水要打净不要春苗，不要堆垃圾，生病时要请人看医药，有相因少效的，不要指不得钱，钱也要人用的。

种牛豆(即痘苗)是重要的事，明春要早种牛豆为是，新热均要放苗，你也可以补种，不一定要寻人种盅，街上金某会种可给他种也可。

亲爱的人：当你接到这封信时，也许是忙着过旧年了，你不要因为你的爱人不在家，而你不忙着过年，亲爱的人，请你，还要振起精神来忙年吧！过年时多办点菜物，糖果等，不然，小孩子们是真苦了！

岁过年时人家男女老小都穿花花的，你也许心里有点感觉："若是我人在家，就好了"但是你人在家，也许在新年要同你吵架呢！亲爱的，请不要那样想吧！你同小孩们也要穿花花的，很快乐的过年吧！不要因我不在家而你们也不过年了，亲爱的！

来日方长,将来过年的時候多着呢!何況不在家过年的人很多呢,谁又有家室?谁又有爱妻爱子呢!

　亲爱的惠呵!我現在感覚义麻雀是多么快的事呵,火烘得暖暖的,脚児温瑰的,身体很舒服,精神很快乐,手児摩着紅中、白板、鸦当前,是多么有趣呵,尤其是有亲爱的人在面前,更是快乐,更是幸福,若是生人义雀我是不願意的,亲爱的,等有機会時,我一定要与我的人多义幾場麻雀呢,

——在下頁——

亲爱的惠：家庭的事你也至负责，岂母有年纪主味不定怕事，你亚为看了之轻重，如何办理为是，不要太软太弱了，人家不怕，什么事吃亏，太硬了也不好，易得罪人，人若侵犯，决不怕他，要大肥的至辞，平时与人和氢。

御里捐费重，可与保甲长谈，不能以田地来米费，常年费不够太重，可与之好好说，以大帽来盖他们。

明春吃粮不够，可向道衡先生借点，或许不要生利门口的他们太坏，借点米亚要利，什么亲威外人也不好，守财奴们，不要太重视他，与之平常交可也。

有许多人以为有钱了不得，但是有钱他能保着一生吗？将来要吃苦的也是他们。我希望兰贪，只要学习好，保住了就是了，目前请你受点苦吧，真对不起你呢。

亲爱的惠珠，你的烦闷可尽量减少，请放快乐些，终日闷是伤身体的，也无益的。你真闷的时候，可到外面去玩玩，和人谈心，开开味觉，精神就好了，身体也可长得好，白白的和胖胖的，似三年前的身体，我是最欢喜的，最爱的，请你好好养保贵体吧！省得我的挂念，下次再回面时我是向你要的。

亲爱的惠妹！谈起过年我又想起正月初一是新年，而又是我的爱人的生日。千里外的我，没有甚么礼物送给你，更不能亲来拜年，实在是对不起我的爱妹，但是没有办法，只为邮区写信寄来，一方面敬贺你新年快乐，身体健康，再方面祝你寿比南山，福比东海。爱人兒！你要快乐吧！在千里外的爱人来信贺年祝寿是多么幸福的啊！我的好人兒，我最希望你过了新年后一切烦恼丢开，一切心思放下，打起快乐的精神来过日子，好好的敷养小孩，努力做你应做的事，请你接爱你爱人的愿吧！

我最亲爱的人呀！这样热烈的称呼还不能令我对你的亲爱，我也不知怎样的喊你才好，我实在的太爱你了，所以还嫌区称呼不好呢！我的爱人，我的心，我的肉，我的妹，心肝……这样呼起来太肉麻了，人看了要笑了。

亲爱的妹！我每次信上所说的话，和我在家所谈的一切，好小须记着，放开心，抱快乐，等等，你要实行的，因为你的爱人时刻的挂念你，并且在百忙中，花了许多时间，费了很大的心思来写信给我的爱人，而我的人盅听了我的话，而不真正的做，还是打骂小兒，心还是放不开，还是愁念，请你想想，还对得起在外的人吗？

最亲爱的人兮：你或许有很多的心思要向车外的人谈吧，请你车无了时可以将你要说的写下来，有空時就写点，因为你车家很忙，不能一会就写好信的，令天想起了什么事令天就写上，明天想起要说的明天再写我写克信也是写了几天呢，因为时间关係，一下子怎能写这样长的信，爱妹！你将信写详些，家庭一切均可将写好後放车一定的地方，等我来信告诉你的地点，你将信马上寄来又者时间，又是临時写信来不及，小孩又要抱，太忙了你又要发火，而信上的話又不多，你写信時，字低可写两面字写小点因为信纸太多不好寄呢！写信不要太费纸，写坏了不要紧，不要再换纸写，一方面浪费纸，方面费时间，字写不好没有关系的，因为是我爱人写的，不好也是好的，是香的，是甜的，是蜜是果……

亲爱的妹！某人要问 一君有孕否？如果真有孕的话，请爱人劝劝他不要因此而愁闷，虽然是痛苦，但是免不了的事，是爱的结晶品。来信时说一下。

话太多了，一时说不完，下次再说，也要当心，这信是来早贺年的，下次的信大概在正月中来请你不要因没有信而挂念！你的人是个明白人，一切自知慎重，生活比以前好得多呢！

祝你 快乐 你的爱兄 晋

吉祥致静兄①

静兄惠鉴:(回信写:无为县洪家巷□□□)

　　前次你来信我已收到,因为生意②很忙,□[没]有回信,请你原谅。我在这里一切甚好,□[请]勿念。据传云立煌③又失守,这话实否?又传□□广西军与中央军④开火,省主席易人⑤,这话实否?你地有无广西军?一切情形请告知。双母亲⑥均康安否?二小孩⑦好否?门口亲□[属]统祈问安。

敬祝

　　春□

小弟　吉祥

古历三月初十日

---

　　① "吉祥"为作者胡孟晋化名;"静兄"为胡孟晋之妻张惠化名。此信与致钟铸九和"志云学友"之信同时书写,均无年代。据致"志云学友"内容判定,应为 1940 年。原件破损,最大尺幅为 132×238mm。

　　② "生意",系暗语,指作者参加的抗日斗争。

　　③ "立煌",即今金寨县。

　　④ "广西军"指主政安徽的广西军,"中央军"指国民革命军。

　　⑤ 1939 年 11 月,安徽省国民政府主席廖磊病故,其职务由李宗仁继任。

　　⑥ "双母亲",指作者生母和岳母。

　　⑦ "二小孩",分指长子胡德新、次子胡勋。

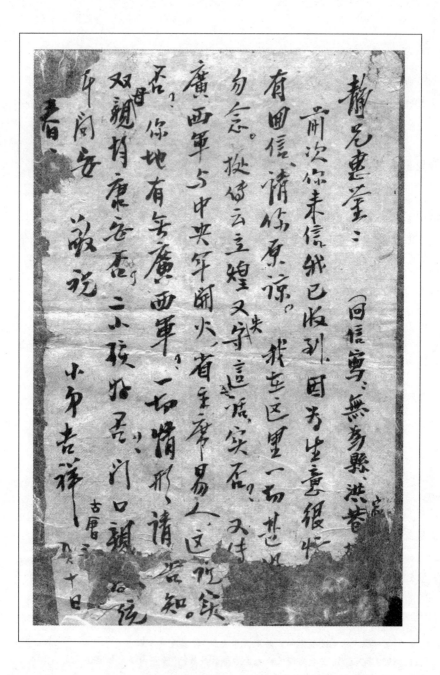

昶致华妹①

华妹：

你的玉音收到，快乐异常，饭也多吃些，做起事来也有精神了，你真是我的精神上唯一的安慰者了。

我亲爱的人，什么时候都记得你，你的一切令人爱之不忘呵！就是睡着了，也是与你在一起，享天伦之乐呢！

虽然身在两地，别有一番相(想)念，但会面良辰并不远，光明已现曙光，快乐即在前面。亲爱的，待我俩握手言欢吧！

最亲爱的，请你不要等得发急呵，路是越走越近了，事是越做越好的，快乐幸福的日子，很快的到临了。看吧！太阳在东山向人们喜洋洋的招手了，我们快乐享受，陶醉它的怀抱吧！

秋安

昶敬八、廿日

---

① "昶"为作者胡孟晋化名；"华妹"为胡孟晋之妻张惠化名。时间应为 1942 年，写于淮南抗日根据地的嘉山县(今明光市)，预告即将调往新四军第七师战斗的皖江抗日根据地的无为地区。原件尺幅为 130×190mm。

华妹：

　　你的玉音收到，快乐异常，饭也多吃些，做起事来也有精神了。你真是我的精神上唯一的安慰者了。

　　我亲爱的人，什么时候都记得你，你的一切令人爱之不忘呀！我是睡着了，也是与你在一起，享天伦之乐呢！

　　虽然身在两地，别有一番相念，但会面良辰并不远，光明已现曙光，快乐即在前面，亲爱的，待我俩握手言欢吧！

　　最亲爱的请你不要觉得着急呀，路是越走越近了，事是越做越好的，快乐幸福的日子，展（会）很快的到临了。看吧！太阳在东山（向）人们喜洋洋的招手了。我们快乐享受，陶醉牠的怀抱吧！

　　　　　　秋安·　　　昶强八·廿日

吉群致进兄①

进兄大鉴：

我于今日平安的到此，一切均甚好，希兄勿念！

我的生意②亦甚好，并请转问亲友们之福安，因为没有时间写信。现在我到和州③临时的，还要迁移，下次再告。

祝你

快乐、冬安

小弟　吉群

古历十一月廿□口

前给你一信收到?

① "吉群"为作者胡孟晋化名。"进"为胡孟晋之妻张惠化名。此信应写于1942年，农历十一月二十几，即公元1942年12月27日至1943年1月5日。原件残破，最大尺幅为180×280mm。

② "生意"，系暗语，指作者参加的抗日斗争。

③ 和州，今和县，证实作者在中共湖东中心县委工作时曾到此处检查工作。

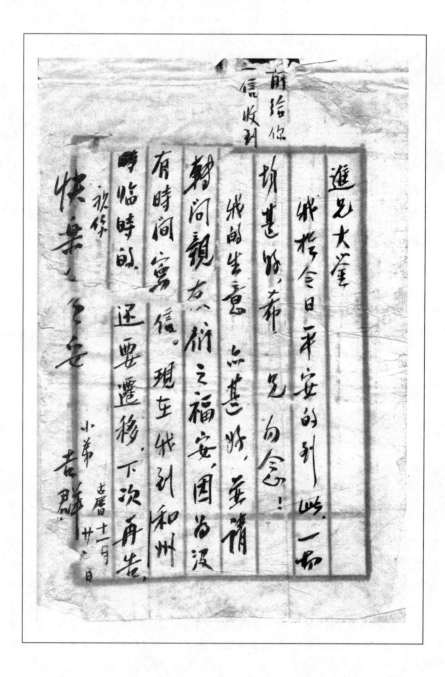

前给你
一信收到

進先大鑒
我於今日平安的到此，一切
均甚好，希 免介念！
我的生意，不甚好，至清
轉向觀点，餘之福安、固始没
有時間寫信。現在我到和州
時臨時的，还要遷移，下次再告。
　祝你
快樂 平安
　　　　　小弟 志群
　　古曆十一月 廿二日

许道德致镜兄①

镜兄惠鉴：

前给你的信收到否？念念！

我的生意②甚好，身体亦安强，惟生意很忙，闲时很少。

现在路上不太平，时有土匪出现，商客往来颇不便，待正月或二月天气暖和，我派人接你来我们这里顽顽[玩玩]，请你勿急。

过新年时你们可办些东西过年，不要太苦了，同时小孩子们与老人要吃。

我每月皆有信，不知你收到否？我有些时因生意忙，信要迟点，请你勿念。

我一切甚满意，请勿念！

　　祝你

冬安

许道德

古月十一月廿八日

回信:无为洪家巷邮局存交

---

① "许道德"为作者胡孟晋化名；"镜兄"为胡孟晋之妻张惠化名。此信应写于1942年，农历十一月二十八，即公元1943年1月4日。原件残破，最大尺幅为318×188mm。因尺幅较大，分成两幅刊载。

② "生意"，系暗语，指作者参加的抗日斗争。

镜兄惠鉴：

前给你的信收到否念念。我的生意甚好身体亦安隐，惟生意很忙崩时很少。

想走路上不大平时有上匪出现高空往来颇不便待正月其二月天气暖和我派人接你来，我们这重重烦烦请你勿急。

过新年时你们可办些东西过年，又要太苦了同时小孩

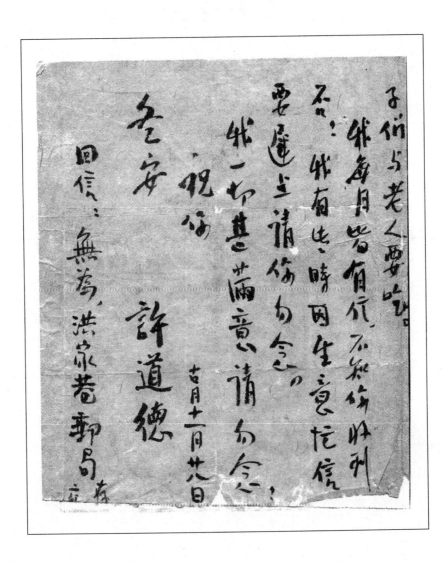

子们与老人要吃吃。

你每月要有信，不知你时刊

否。你有也时因生意忙信

要匯去请你勿念。

我一切甚满意请勿念，

祝你

冬安

许道德

古月十一月廿六日

回信：无为，洪家巷邮局
转

吉祥致镜兄①

镜兄惠鉴：

前月寄一信收到否？甚念。

今夏雨水甚多，岗坂田到很好，此地圩田不佳，有些为水所淹了，食粮很困难，大多吃麦子。贵地年成如何？

我的一切甚好希勿念。孩子的事由他们大了自己作主，现在不要麻烦。

你回信时，信封外与信内均写许道德②名字，否则难收着。

地址：无为洪家巷。祝你

夏安

弟　吉祥

五月初□

---

① "吉祥"为作者胡孟晋化名；"镜兄"为胡孟晋之妻张惠化名。此信应写于 1943 年，农历五月初几，即公历 6 月 3 日至 12 日。原件残破，最大尺幅为 158×185mm。

② "许道德"为作者化名。

鏡兄惠鑒：

二前月寄一信收到否？甚念。

今夏雨水甚多，尚未坂田引很好，此处

圩田不佳，有些田水已淹了，今食粮很困

难，大多吃麦子。尊地年成如何？

我的工作甚好，勿为念。孩子的事由

他们大了自己作主，望在不要麻烦。

你回信写时，信封外与信内均写

許道總名字，否则难收看。

地址：无为，洪家巷。

順化

夏安

吉萍

五月四

吉群致进兄①

进兄惠鉴：

　　我平安的到达无为县境，此间与金牛镇只有八十里路，我的生意②地点尚未定得，待决定后再告知，或请来此玩□[玩]。我未叫你来时，切不要来，因为路上不太好走。请做布鞋乙双为盼。

　　冬安

小弟　吉群

古历十一□廿□

---

① "吉群"为作者胡孟晋化名；"进兄"为胡孟晋之妻张惠化名。此信应写于1942年至1943年初，农历十一月二十几，即公元1942年12月27日至1943年1月5日。原件残破，最大尺幅为180×280mm。

② "生意"，系暗语，指作者参加的抗日斗争。

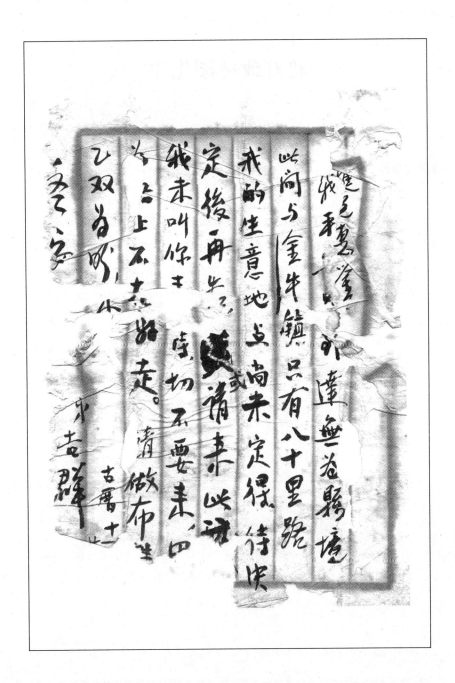

我已平安到达无差县境
此间与金牛镇只有八十里路
我的生意地点尚未定很待快
定后再告。或送请来此游
我未叫你来，一切不要来口
上不去好走。请做布生
乙双为明
一
吉隆
古晋十

昶君致桃园先生①

桃园先生鉴：

前次上二信，不知收到否？

至今未见回信，我家亦没有回信，不知是何原因，是邮路之误，还是有不测之事呢？请先生通知我家速写信来，即有不测之事亦请先生告知我为盼！

回信地点：无为县严家桥。诸亲友请代问安。敬祝

春安

昶君

正月初四日

---

① "昶君"为作者胡孟晋化名；"桃园先生"，详情不明，应为作者收转家书之可信赖亲友。此信应写于 1943 年农历正月初四，即公元 1943 年 2 月 8 日。原件最大尺幅为 135×190mm。

桃园先生台鉴：

前次上二信不知收到否。

至今未见回信，我家也没有回

信，不知是何原因，是邮路之误，

还是有不测之事呢？请

先生通知我家速写信来，

即有不测之事，也请先生

告知我为佳。

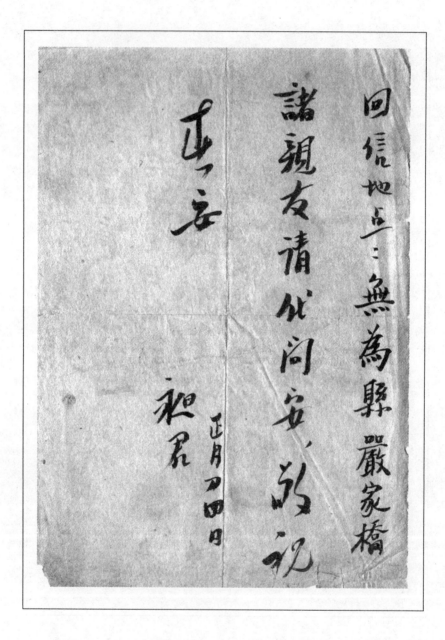

回信地点：無為縣嚴家橋

諸親友請代問安，敬祝

正安

昶君

正月二十四日

昶致桃园先生①

桃园先生：

　　我于前日抵无为县境，此地离金牛只八十里，我生意②地点暂未定得，待决定后奉告。日后对生意上请先生大力之帮助，并请转问亲友们之福安，这信请你转到我家，亦可作为家信。

　　　　祝

　　冬康

　　　　　　　　　　　　　　　　　　　　　　　　　　　昶

　　　　　　　　　　　　　　　　　　　古历十一月□九

　　① "昶"为作者胡孟晋化名；"桃园先生"，详情不明，应为作者收转家书之可信赖亲友。该信与"吉群致进兄"之信同时书写，时间应为1942年农历十一月廿九，即公元1943年1月5日。原件残破，最大尺幅为180×280mm。
　　② "生意"，系暗语，指作者参加的抗日斗争。

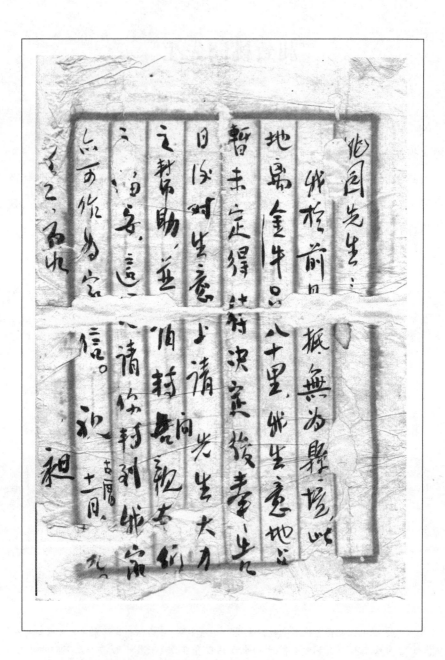

北园先生：

我於前日抵无为县境，此

地离金牛只八十里，我生意地点

暂未定得，待决定发表生意

日後对生意上请问先生大力

之帮助，並价村若们范本们

三福等，这请你村列佛宗

点可作为宫信。

祝

昶 十一月

祥致铸九兄①

铸九兄大鉴:(内有二张信请转)

　　久未相晤甚念,我在这里生意②甚好请勿念。舍间诸事尚祈照顾为感,你地一切情形希不时告知,诸亲友代为问安。

　　　　敬祝

　　春安

　　　　　　　　　　　　　　　　　　　　小弟　祥

　　　　　　　　　　　　　　　　　　　　三、初十日

　　① "祥"为作者胡孟晋化名;"铸九"应是钟铸九,详情不明,应为作者收转家书之可信赖亲友。"铸九"之姓由一封残存信封判定。此信与致"静兄"和"志云学友"之信同时书写,均无年代。据"志云学友"内容判定,应为1940年农历三月初十,即公元1940年4月17日。原件残破,最大尺寸为133×238mm。
　　② "生意",系暗语,指作者参加的抗日斗争。

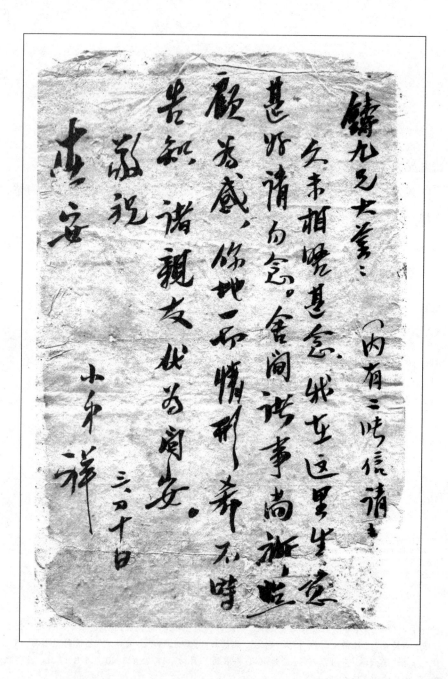

铸九兄大鉴：

久未相晤甚念。我在这里生意（内有二忱信请

甚好请勿念。舍间诸事尚妥。顾为感，你地一带情形希不时

赐知诸亲友代为问安。

耑此。敬祝

　　　　小弟　祥

近安

三〇十日

吉祥致志云学友①

志云学友大鉴：

你前次来函我已收到,甚喜,并□[感]激告诉我的许多消息甚快。

传云省主席易人②,广西军与中央军③冲突,立煌④、桐城失守,此话实否? 请告知。敬祝

春安

小弟　吉祥

三月初十日

---

① "吉祥"为作者胡孟晋化名;"志云学友",详情不明。此信与致"静兄"和钟铸九之信同时书写,均无年代,据内容判定,应为 1940 年农历三月初十日,即公元 1940 年 4 月 17 日。原件残破,最大尺幅为 135×238mm。

② 1939 年 11 月,安徽省国民政府主席廖磊病故,其职务由李宗仁继任。

③ "广西军"指主政安徽的广西军,"中央军"指国民党军。

④ "立煌",即今金寨县。

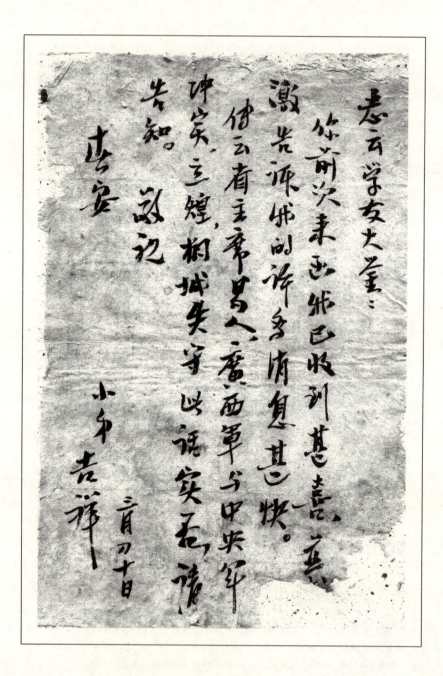

志云学友大鉴：

你前次来函弟已收到甚喜。兹

激告派你的许多情息甚快。

信云有主席昌人、广西军与中央军

坤实主短，桐城失守此语实否，请

告知。敬礼

此复

小弟 吉祥 二月卅十日

胡孟晋代张轼致母亲①

母亲大人膝下敬禀者：顷奉

大人八月中旬一札，敬悉一切。所言亢哥②已逝与楣姐③信息□，至于促男归舒④，诚令男苦思久矣。溯自离乡六七年，虽乐得个□[人]自敷，然并未习得任何技能，又何颜以持撑家务？何况乎近年来病魔纠缠贱身，要等待国运好转，民解倒悬的年头。然为期□□[已不]在远了。近阅报载，意国⑤已无条件投降了，日军□[末]日想亦可见。胜利时间迫近，不独国家幸运，□[亦]即我家之幸运，惟请大人等不可过急。敬请

康安

男　张崇轼⑥谨上

十、十五

---

① 此信为胡孟晋代张轼书写，详情见劳章（张轼）：《难得的一封家书　珍贵的烈士遗作》。张轼为胡孟晋妻弟、战友。此信应写于1944年。原件残破，最大尺幅为160×256mm。

② "亢哥"，即张亢、张悔龙，为张轼之兄、胡孟晋之妻弟。

③ "楣姐"，即张惠，原名为张崇楣。

④ "舒"，即舒城县。

⑤ "意国"，即意大利。

⑥ "张崇轼"，即张轼。

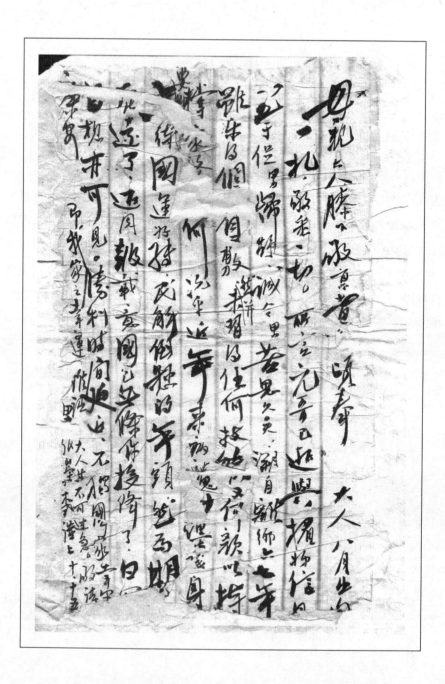

胡孟晋致钟铸九先生信封^①

舒城县百神庙邮局

钟铸九先生

洪家巷寄

---

① 钟铸九为作者胡孟晋亲戚,在安徽省舒城县百神庙镇邮局代办所工作,胡孟晋前期家书多请他转交。原件残破,最大尺幅为 122×185mm。

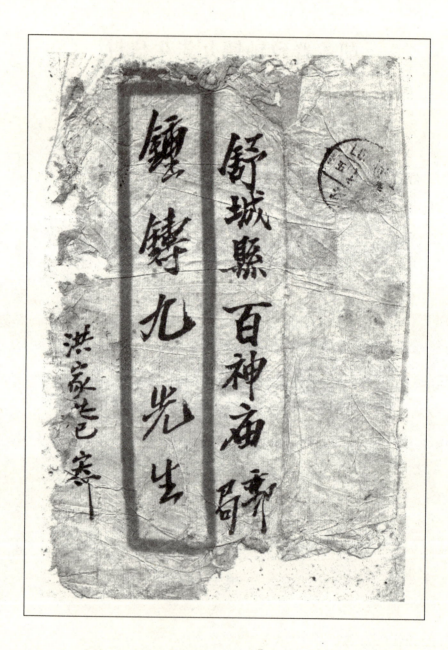

胡孟晋致张朴先生信封①

□□[安徽]舒城千人桥
　　邮局转交

　　　　张　朴先生　收启

　　　　　　　　白定远东乡天长县□□寄

---

① 张朴为作者胡孟晋内弟、张轼三哥,住安徽省舒城县千人桥镇。原件残破,最大尺幅
为 85×173mm。

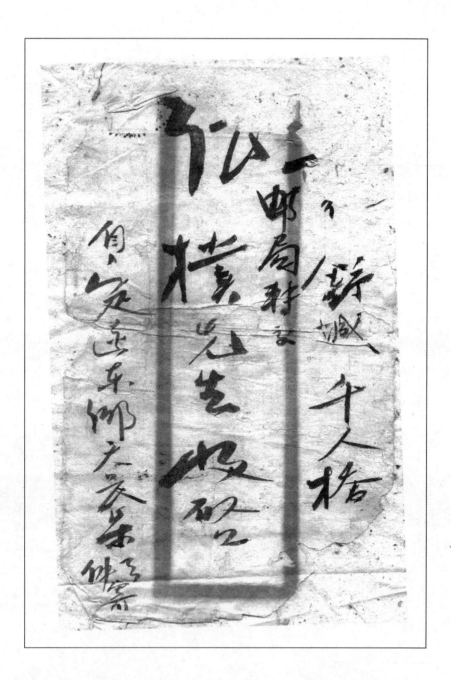

深切缅怀

胡孟晋烈士传略[①]

张 轼

胡孟晋(1912—1947),原名永荣,以字行。生于原籍庐江县大烟岗,幼年丧父,兄弟二人随母亲钟氏移居舅舅家舒城县百神庙钟家畈胡村,租种土地,维持生活。

其兄胡永林(1908—1931),在舒城中学读书期间,受民主革命思潮影响,经葛莐臣(前清秀才,中国同盟会会员)介绍,与葛国钧、李鸿书、王韧千等结伴去广州,考入黄埔军校第三期学习,21岁任团长,参加北伐战争,随部进军长江流域。为反对蒋介石叛变革命,参加八一南昌起义,回师潮汕,失利后在安徽家中病逝。

胡孟晋8岁开始读小学,先就读于舒城县私立钟家畈白衣庵初级小学。因该校校长姓左(名导愚),故群众又称之为"左家学堂"。十二三岁时,考上离家四十多华里的舒城县县立桃溪高级小学。在校学习勤奋,成绩优异。小学毕业后,考入舒城初级中学(今舒城中学)。该校又称伏虎寺中学,为辛亥革命老人王仁峰创办,校址位于城南。由于家境贫困,无力负担其完成中学学业,中途以优异成绩考入安徽省立池州(乡村)师范学校高级师范班。在校数年中,深得同学拥戴,曾任校刊编辑。

1934年,胡孟晋师范毕业后回舒城,在干汊河、百神庙等地创办短期小学,推崇陶行知先生之教育思想,倡导"小先生制",教白话文,革除私塾"读死书,死读书"的陋习。他言语不多,但为人正直,待人诚恳,乐于助人。

1938年春夏间,侵华日军大举进犯华中,进行狂轰滥炸,烧杀淫掠,无恶

① 安庆市新四军历史研究会编:《皖江烽火》第十辑,2005年编印。收入本书时略有改动。

舒城中学首任校长王仁峰先生雕塑

不作,安徽的大部分地区相继沦入日军魔掌,人民惨遭铁蹄蹂躏,挽救民族危亡迫在眉睫,爱国志士奔走呼号,抗日救亡呼声极高,广大热血青年纷纷投入抗战洪流。胡孟晋审时度势,毅然决然地选择了坚决抗战的共产党、新四军。他首先参加了地址在伏虎寺中学的舒城县游击干部训练班,1938年五六月间,与范达夫①、孔祥云、钟建平等,结伴前往六安山旺河,参加新四军第四支队政治部战地服务团,从事民运工作。第四支队虽系初建,装备简陋,但官兵平等,纪律严明,受到人民的拥戴,不仅是敌后抗战的坚强支柱,也是广大人民的希望所在。

1938年10月,经程启文等介绍,胡孟晋加入中国共产党。在党的领导下,他奔波于舒城、庐江、无为、桐城、合肥、六安的城乡间,宣传党的抗战主张,组织农民、青年、妇女等抗敌协会等群众救亡团体,发展党领导的抗日游击武装。

1938年底前后,胡孟晋任第四支队政治部战地服务团民运队第五组组长,随军东进寿县、肥东、全椒等地。在全椒县城关,协助战地服务团团长汪道涵开展统战工作,组织群众救亡团体,成绩卓著。1939年7月,新四军第五支队成立,胡孟晋任支队司令部秘书,跟随罗炳辉司令、郭树声(述申)政委转战淮河以南之津浦铁路东西两侧。

淮南抗日根据地创建前夕,他奉命由部队调到地方,随汪道涵到嘉山、

---

① 范达夫(1913—),又名樊脱夫,舒城县百神庙镇人。1938年参加革命并参加中国共产党,任新四军四支队战地服务团团员。1939年秋任新四军五支队执法队政治指导员、锄奸科股长。1941年任新四军第二师锄奸部副科长、科长,1942年任新四军军部保卫科科长。1946年,任苏皖边区政府公安总局处长。1948年任华东局社会部科长。新中国成立后,曾任上海市水上区区长、区委书记,上海市航运交通局局长、党委书记,上海市建筑工程局党委书记、局长。著有《征鸿诗稿》三卷,长篇小说《警艇》《罗炳辉将军的故事》《侦察员的故事》《民间故事趣谈》等。

位于今安徽省明光市自来桥镇的嘉山县抗日民主政府旧址

来安边界地区开展工作,在张铺郢、自来桥、仇集等地发动群众,培训干部。其间,在张铺郢发展了宋再潮、杨如新、汪传胜、胡道胜等人加入中国共产党,并成立中共张铺郢支部,黄子仁任书记。1940年4月初,中共嘉山县委成立,隶属皖东津浦路东省委领导,江平秋任县委书记,县长汪道涵等任县委委员,胡孟晋任县委秘书。县委工作机构仅设组织部,下辖四个区委。同年八九月间,日伪军实施大"扫荡"后,嘉山县抗日民主政权实际管辖的面积缩小,嘉山县委改为嘉山县工委,下辖自来桥区委、乌鲁区工委以及自来桥乡、三官乡、乌石山乡、鲁山乡(胡坦任总支书记兼乡长)、涧溪乡四个总支,胡孟晋任自来桥区委书记,直至当年底,为嘉山县地方党组织的建立和抗日民主政权的巩固做过大量工作。

1942年冬,为坚持皖江地区的抗日斗争,巩固和发展以无为为中心的皖江抗日民主根据地建设,胡孟晋被淮南区党委从嘉山调往巢湖,协助张恺帆等在极其复杂的巢湖以东地区(巢湖、无为、庐江、桐城边区)开展工作。其间,1943年至1945年春,胡孟晋任中共(无为)五区工委书记兼组织部长,抗战胜利前任中共白湖中心县委委员、宣传部长。1943年2月,抗日根据地实行一元化领导时,由于(无为)五区地域宽阔,是中心区向南、向西发展的重要通道,且又为日、顽、我三方争夺较为激烈的地区,为加强对这一地区的控制,沿江地委决定成立行使县委权力的五区工委,下辖横山、洪巷、湖陇3个区委,工委机关驻湖陇一带,工委设组织部、宣传部和敌工大站,仰烽、叶小芳任横山区委书记、副书记,金光华、仰柱任洪巷区委副书记,王光钧兼青冈区委书记,谢光辉、洪啸分任洪巷区委书记、副书记,沙德轩任湖陇区委书记。1944年下半年,洪巷、湖陇区委合并,仰柱为负责人。五区工委成立时直属沿江地委领导,1943年改属白湖中心县委领导。1943年秋,在白湖县委的基础上成立白湖中心县委,桂林栖、何泽洲曾任中心县委书记、代理书记,蒋天然曾任副书记,设组织部、宣传部、军事部和敌工大站,沈鹰曾任组织部长,桂林栖、后奕斋曾兼任宣传部长,1945年胡孟晋接任宣传部长,蒋天然曾兼任军事部长,中心县委领导湖东及舒城、庐江、桐城一带的党组织,下辖尚礼、临泉、关河、槐林4个区委和(无为)五区工委、舒(城)庐(江)桐(城)县委等。

巢湖以东地区是皖江抗日根据地通向皖西大别山的门户,同日、伪、顽的斗争极为复杂、激烈,尤其是长期与国民党顽固派广西军第138师第527团、第528团(团长周雄坚决反共、仇视革命、杀人不眨眼)作斗争。在这种险恶紧张的"三角斗争"环境中,胡孟晋总是紧紧依靠广大群众,临危不惧,坚定沉着,风霜雨雪,从不怕苦,顽强地坚持这一地区的斗争,至今仍为人民群众所怀念与敬佩。

抗战胜利后,按照国共两党达成的"双十协定",新四军第七师和皖江区党委奉命北撤,胡孟晋随军撤至苏北,在清江郊区开展群众工作。苏皖边区政府成立后,他被任命为边区政府民政厅①干部科科长,兼边区政府直属机关党总支书记。

1946年,蒋介石背信弃义,撕毁"双十协定",围攻中原解放区和进攻苏皖边区,形势日趋紧张,生活异常艰苦,胡孟晋身患重病,在缺医少药的情况下,仍顽强地带病坚持为党工作。党组织和同事们关心他的身体健康,他总

① 一说教育厅,待考。

是乐观地对大家说:"我没有什么问题。"同年9月前后,国民党军进犯苏皖边区首府清江(淮阴),中共华中分局和边区政府后方机关决定北撤,他因病被临时安置在阜宁县季策家中休养。涟水保卫战时,随军北移鲁中沂水金泉区曲家洞休养。国民党军重点进攻山东时,1947年2月,他又随队北渡黄河,和华中分局后方机关辗转跋涉到冀南故城县四区响水村。因战地缺医少药,所患肺结核病情不断恶化,于1947年7月22日与世长辞,年仅35岁。

胡孟晋文质彬彬,言语不多,为人正直,作风正派,待人诚恳,平易近人,乐于助人,克己奉公,团结同志,正如一位老同志后来所说的:胡孟晋同志是一位名副其实的忠诚的共产党员,是一个真正做到了"鞠躬尽瘁,死而后已"的好同志。胡孟晋逝世后,华中分局驻冀后方机关为他树立烈士碑,以志纪念。

1949年夏,舒城解放后,胡孟晋遗属通过舒城县人民政府函准,将其遗骸由河北故城县运回老家舒城县百神庙钟家畈安葬,舒城县人民政府立有烈士纪念碑。

乡村播火者 革命宣传员①

——记抗战前胡孟晋烈士二三事

劳 章

胡孟晋幼年丧父,从小深受其兄胡永林(黄埔军校毕业,中共党员,参加南昌起义者)革命思想的影响。少年时期,他勤奋好学,求知欲极强,因家庭负担过重,初中未毕业就考入免费食宿的省立池州乡村师范高级班。抗战前二三年毕业后,随即在乡村从事教育事业。先是在舒城县西乡干汊河等地开办"短小",后应邀回东乡钟家畈钟家祠堂内办学。通过他对我少年时代的影响和教育的回顾,追寻他走上革命道路的足迹,或许能给后人留下一些有益的启迪。

当年,在乡村小学,他既是校长又兼教员,既教授语文、数学课,又教授音乐、美术和体育课,条件有限只能进行复式教学,工作非常辛苦。他简朴节约,一张信纸常常两面书写。他多才多艺,是个多面手。我珍藏着他用过的一个书签,上面画有蔷薇,题写了"一架蔷薇满院香",至今令我常看常忆。

孟晋在乡村教学中,处处推行陶行知先生的平民教育思想,继承和宣传中华民族的爱国思想,时时宣传普及革命思想和理念,传播革命的火种,我多次深受教育。记得七七事变前后,我因失学在家,一次到钟祠小学去看他,正碰上他在教唱岳飞的《满江红》。课间,他邀我在教室后面坐下,并向同学们介绍:这是舒城第一高级小学的学生,比你们大不了几岁,他的学习成绩非常好,可以当你们的"小先生"。局促不安的我,过了好一会才在和同学们的攀谈中,慢慢地适应下来。接下来,语文课开始了,我坐在最后静静

---

① 安庆市新四军历史研究会编:《皖江烽火》第十辑,2005 年编印。收入本书时略有改动。

地听。他的课富有启发性,台上讲得那么生动,台下听得那么认真,教室里鸦雀无声。70年后的今天,我对他教授的课文内容仍记忆犹新:"吃自己的饭,流自己的汗,自己的事情自己干,靠人靠天靠祖上,都不算英雄好汉!"他先一遍一遍地教同学们背熟,然后进行讲解。他告诉我们,这是著名教育家陶行知先生的一首诗歌。加入革命队伍后,这首诗和《国际歌》里"从来就没有救世主"一起,对我产生了重大影响。

　　大约是1937年寒假前几天,我再次去钟祠小学听课,正巧胡孟晋又在上语文课,还没走到教室门口,就听到他正一句一句地教唱一首"民歌":"大雪飘飘下,柴米油盐都涨价;板凳当柴烧,吓得床儿怕。"我悄悄地问一位稍大的同学,他告知也是陶行知的诗歌。课间,他发现我坐在教室最后一排,便提议我为同学们朗诵一首古诗,小同学们都睁大眼睛看着我。我想了一下,便选了《千家诗》天头上附录的明代"神童"解缙的一首诗,背道:"春雨贵如油,下得满街流,跌倒解学士,笑坏一群牛。"背罢,我请胡先生讲解。记得孟晋先发问后解答说:为什么"春雨贵如油"呢? 因为农民伯伯们春耕、栽秧急需用水,所以这首诗的前两句写得很好,但后两句就不怎么好了。因为做官的解学士不小心滑倒了,惹得人们发笑,这本是很自然的事情,但是他却骂别人。不正道出了人与人、官与民之间的不平等? 他的一番分析,令大家茅塞顿开。

抗战全面爆发后,胡孟晋曾在舒城中学参加中共秘密组织开办的"游击人员训练班"

1937年冬,国共合作之初,他秘密参加了中共地下组织在舒城中学开办的"游击人员训练班",学习抗日游击战争知识。1938年春,当他获悉大别山红军游击队已改编成新四军,正整装待发"东进"抗日,立即说服了妻子,丢下两个幼子(胡德新、胡勋),奔向湖北七里坪新四军第四支队集结地。步行数百里后,于霍山流波磴遇上东进部队。随后,便以一个爱国的小学校长身份,在六安山旺河正式入伍,成为四支队政治部战地服务团一员。当时,随他一道参军的有:范达夫、孔祥云、王大川(渠芳)和钟笃彬、钟笃恩(抗战中牺牲)兄弟等。新中国成立后,他们都成长为党政军中的高中级干部。

胡孟晋在皖江地区的斗争^①

许 骥

胡孟晋同志是党内一位公道正派的领导干部。他1942年从淮南抗日根据地调来皖江抗日根据地，据我所知：

1943年间，胡孟晋是湖东中心县委所属的以牛铺为中心的无为五区工委书记。当时中心县委书记是桂林栖，后为何泽洲，组织部为沈英等领导人。当时环境险恶，生活艰苦。

中共无为五区工委所在地——今安徽省无为县牛铺镇

---

① 张轼1982年8月访问记录。

无为五区工委下属有 3 个小区,名曰:湖陇区、洪巷区、横山区。工委组织委员、副书记是王光钧(在苏北南通),并兼任青岗区区委书记;洪巷区区委书记是谢光辉(安徽省政协副秘书长),区长为洪啸;横山区区委书记为谢唯众,区长叶晓芳。原安庆地区纪委潘体真也在横山工作过。

工委下属的敌工总站站长是我——许骥(曾任安庆、滁县行署专员)。当时我也担任过副区长。当时在无为五区工作过的干部还有仰柱(安徽省体委副主任)、仰烽和周斌(曾任安庆市副市长)。

1945 年春,胡孟晋调任湖东中心县委组织部副部长兼任皖江区党委整风班支部书记。

1945 年 9—10 月,随新四军第七师"北撤"苏北,一度在清江市郊区任区委书记。

1946 年,苏皖边区政府成立,调任边区政府民政厅干部科科长兼边区直属机关党委书记。

苏中"七战七捷"后,华中分局机关北撤山东,胡孟晋病情恶化,一度考虑到阜宁某同志家去休养,后敌情紧张遂辗转去了山东、河北。

他战斗了一生,后听说他病故了。

悼 孟 晋

张 轼

战地询消息,报端代鸽输。

始闻疑耳误,定眼迥梦殊。

恍见浓眉客,悲怀记托孤。

边府昨宵梦,"再会"今情疏。

稚侄依门盼,嫠婆望西徂。

嗟君沉疴日,惆怅递家书。

忆君入池师①,同窗友兼师。

办学钟祠②里,率吟救国诗。

救亡匹夫责,投笔着戎衣。

欢跃赤旗下,鼓吹进全盱③。

衔命壮新旅,奔波至舒庐④。

艰危战"三角"⑤,寞寞对瘴疾。

探视趋淮阴⑥,乐观无饰词。

---

① 池师:指安徽省池州(乡村)师范学校。
② 钟祠:指舒城县钟家祠堂,胡孟晋曾在此办学。
③ 全盱:分指全椒县、盱眙县。
④ 舒庐:分指舒城县、庐江县。
⑤ "三角":指抗战时期无为以东地区,系日军、国民党顽军和新四军第七师反复争夺的游击区。
⑥ 淮阴:今淮安市,时为苏皖边区政府所在地。

◇ 深切缅怀

别来战局转，捷报中原驰。

北国翻身闹，南州迎民师。

蒋家小王朝，风雨飘摇时。

痛君殉职去，同辈责难辞。

地下苦能知，神州卷赤旗。

1948 年夏于鲁中

位于江苏省淮安市的苏皖边区政府旧址

难得的一封家书　珍贵的烈士遗作①

劳　章

　　新近发现的一批胡孟晋烈士遗作中，有一封他在 1944 年 10 月间为其战友张轼代写的给母亲的家书，几十年过去了而战友本人并不知道。原信抄录如下：

母亲大人膝卜敬禀者，顷奉

大人八月中旬一札，敬悉一切。所言亢哥已逝与楣姐信息□，至于促男归舒，诚令男苦思久矣。溯自离乡六七年，虽乐得个□[人]自敷，然并未习得任何技能，又何颜以持撑家务？何况乎近年来病魔纠缠贱身，要等待国运好转、民解倒悬的年头。然为期□□[已不]在远了。近阅报载，意国已无条件投降了，日军□[末]

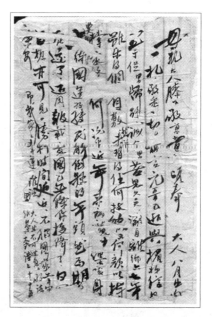

《代张轼致母亲》

日想亦可见。况胜利时间迫近，不独国家幸运，□[亦]即我家之幸运，惟请大人等不可过急。敬请

　　康安

　　　　　　　男　张崇轼谨上十、十五

　　①　安庆市新四军历史研究会编：《皖江烽火》第十辑，2005 年编印。收入本书时略有改动。

◇

深切缅怀

这封家书连同烈士的其他遗作，为躲避战乱曾长期藏于土墙裂缝，某些部分字迹不清或已残缺，内容大意基本可识。

当时，胡孟晋烈士为何要为战友代写这封家信呢？原因有二：一是大儿子张亢(悔龙)去世，张母心切，急盼外出当兵的四儿回去"持撑家务"；二是老人只知道儿子在新四军，然而并不知道胡孟晋和张轼此时是分别战斗在两个大区(胡孟晋在第七师的无为，张轼在第二师的定远)，家信由大姐为母代写邮给胡孟晋代转。为了免却老人的急切思虑，胡孟晋故为内弟代写了这封回信。

烈士代写这封家书时，正是革命的艰难阶段。自1941年皖南事变之后，国民党顽固派反共气焰日炽，凡在蒋管区的新四军家属统统被诬为"匪属"，各家子女被勒令限期回乡办理"自首"(叛变)手续，继而充当他们的走卒。烈士的内弟张轼当时就被家乡国民党政府指定为应征"壮丁"，必须立即回家。从信中可以看出，烈士在政治上的成熟，对革命前途的高瞻远瞩，以及对国民党顽固派反共伎俩的洞察能力。为在客观上粉碎国民党顽固派妄图瓦解新四军的险恶图谋，也为了安慰老母，因而信中请老人耐心等待"国运好转，民解倒悬"的年头到来，且明白告诉她"意国已无条件投降，日军的末日也为期不远"。

安徽省定远县藕塘烈士陵园

老母迫于政治压力,于日军投降后派其三哥和五弟寻找到定远解放区,劝张轼返乡,遭张轼婉言拒绝。经定远县人民政府县长陈克奇等做思想工作,并赠以路费(大米数百斤),无果而返乡。张母为掩人耳目,对外谎称"张轼在外早已病故",并特制一块"牌位"供于室内,解放后一度传为笑谈。

烈士代笔的家信,巧妙地以旧形式(传统尺牍)灌输新内容且说理充分,情理交融,写得很好,读之令人欣慰。家信中,先是以未习得任何技能,且病魔缠身等托词为由婉言拒绝,继而又预告儿子回乡的时间为期不远。接着假以"近闻"顺告胜利时间迫近的形势消息(意大利投降、日军末日可见),句句给予母亲以"不可过急"的安慰。信中"国运好转,民解倒悬"这短短八个字,巧妙地传达了中国共产党人推翻三座大山、建设新中国的雄心壮志,预示着人民革命的即将胜利!

烈士当年所作的预言,在经过三年艰苦的解放战争之后已变为现实,可惜他未能亲睹。但这封家书,却已成为那段历史的有力见证,而新中国的建立和社会主义建设的辉煌成就,则是对长眠于地下的先烈们的最大慰藉。半个多世纪过去了,睹物思人,感慨万千,特赋诗《读胡孟晋烈士代笔家书感赋》,以示纪念:

幸将此信壁中塞,留取今朝当教材。

六十年前苛政"债",含悲老母置灵牌。

见证皖江抗日烽火①

——记忆中的父亲胡孟晋烈士

胡德新

人们常说"父爱如山",不言而喻,父亲对子女的影响是深远的,父亲的形象在子女的心中是清晰的。但对我而言,对父亲的记忆可谓既模糊又清晰。说起"模糊",是因为我们聚少离多,他离开家乡参加新四军时,我才一岁多。此后,印象中,他回家仅有屈指可数的两次,且都是来去匆匆。说起"清晰",是因为1943年,我们兄弟随母亲赴无为探亲,和父亲有了一次难得的长时间的相聚。此别,我们在很长一段时间是遥遥远对,直至阴阳相隔。父亲的音容笑貌永恒地定格在这次我儿时的记忆中,永远是30多岁时的风华正茂形象。

儿时的记忆:父亲总是忙忙碌碌

大约在1942年底或1943年初,父亲跟随在淮南抗日根据地担任重要职务的张恺帆同志,由新四军第二师创建的淮南抗日根据地,转入新四军第七师创建的皖中(后称皖江)抗日根据地,在根据地中心区无为从事地方党组织领导工作。据《中国共产党无为地方史》记载,1943年2月,抗日根据地实行党的一元化领导时,由于地处无为县西南部的五区地域开阔,是无巢中心区向南、向西发展的重要通道,且为日、顽、我三方争夺激烈的地区。为加强对无为五区的领导和控制,皖中党委决定将原属桐庐无县委管辖的五区划出,单独设立行使县委权力的中共无为五区工作委员会,工委下辖横山、

---

① 《铁军》,2010年第11期。作者系胡孟晋烈士长子。

洪巷、湖陇三个区委,直属沿江地委领导。刚到无为的父亲胡孟晋任五区工委书记。

父亲从淮南抗日根据地到达皖中抗日根据地后,他工作所在地无为离家乡舒城不远了。工作之余,思念母亲和我们弟兄之情常常萦绕在他的心头。为此,1943年春夏之交,他派交通员化装到舒城,接我们母子去无为探亲。后来,听父亲说,这是他第二次派秘密交通员到舒城接我们,第一次派出的交通员没能到达舒城,在途中就被地方反动武装杀害了。

在交通员的安排和带领下,母亲拉扯我和弟弟胡勋,扮成走亲戚的样子,经庐江,坐船过巢湖后,又步行到父亲的住地无为。这一年,我七八岁了,已经开始记事,对途中乘船过巢湖印象很深,这是我第一次坐船,也是第一次见到如此大的水面。

到达无为,见到父亲对尚处于孩童时期的我来说,无疑是非常快乐的事情,但是,父亲与我们在一起团聚的时间太少。每每看他一身农民打扮,清晨,拎上底部放手枪的篮子,步履匆匆地走出家门;天黑了,我倚门等候常常等不到他的归来,父亲就是回来了,也总是在油灯下看看写写,或是不断有人来找他,与大家围坐在一起谈论着什么。父亲给我的印象总是忙忙碌碌。

外出的父亲在具体忙些什么,我自然无从知晓,倒是对当年跟随母亲的事情还记忆犹新。白天,父亲外出后,母亲常常带着我们弟兄俩走村串户,与张家的婶子、李家的媳妇促膝谈心,聊天的内容我依然无从知晓,但与周边村子的百姓建立了良好的关系,有的还认了干亲。后来我才知道,早在抗战爆发初期,父亲就通过家书等形式,教育和引导母亲摸索在抗日救亡运动中开展群众工作的方法,现在回想起来,那时母亲应该是以走村串户为掩护,进行群众动员和发动工作。

印象中的无为:一片抗日热土

印象中,无为是日、顽、我三方争夺的游击区,日军占领无为县城和部分交通要道,广大乡村则为中国共产党领导的抗日根据地,但也时常遭到国民党顽固派的骚扰、蚕食,因此,不时遇到国民党顽军进村盘查和日伪军"扫荡"的事。我们所住的地方是新四军第七师所属部队经常活动的地方,群众基础比较好，老百姓衷心拥护新四军，即使基层政权是伪政府或国民党政府委派的，也多以"灰色"面目出现，不少保长名义上为伪政府或国民党政府服务，但暗地里也为共产党送情报。遇到伪军或顽军进村"扫荡"、盘查时，保长能提前给我们打招呼，提出应对的办法。我们是舒城口音，显然与无为口音不同，为避免"扫荡"、盘查时遇到麻烦，保长事先和我们约定好，说无为是我们的老家，我们从小被送到外地谋生，现在是回家看看，并和相关人家达成默契。如此，在遇到顽军进村盘查时能够应付过去，没遇到什么麻烦。遇到日伪军"扫荡"时，保长也会提前告诉我们，母亲领着我们和乡亲们四处躲藏，也和日军打起了"游击"。无为是圩区，藏身之处难以寻觅，记得一次仓促中竟然猫着腰在水稻田中躲了大半天。在无为期间，一天我还和小伙伴到住地不远的刘家渡赶集，那里被日军占领是沦陷区，荷枪实弹的日军把持着集市的进出口，其凶神模样还刻在我的脑海里。

位于无为县红庙镇的新四军第七师师部旧址

在无为生活了大半年后，无为的形势紧张起来，父亲更加忙碌，无法顾及我们母子，母亲也不愿我们拖累父亲，于是便带着我们兄弟离开无为，告别父亲，返回老家舒城。此后，无为成为我们一家魂牵梦绕的地方。万万没有想到的是，这次在无为和父亲离别竟成了我们的永别。

烽火离别时,竟成与父永别日

离开无为后,我们依然对父亲的详情一无所知,只能从家书中找到活动的只言片语。新中国成立后,从他的战友回忆、出版的党史资料中,陆续也知道一点信息。据《中国共产党无为县组织史资料》记载,1945年4月,父亲离开无为五区工委,到白湖中心县委工作,任中共白湖中心县委委员、宣传部部长,直至1945年10月"北撤",离开他战斗了近三年的皖江抗日根据地。父亲离开五区后,工委书记由王光钧接任。白湖中心县委是1943年9月在原白湖县委的基础上成立的,(无为)五区工委也由沿江地委领导改属白湖中心县委领导。此外,白湖中心县委还领导湖东县及舒(城)、庐(江)、桐(城)一带的党组织,即:尚礼、临泉、关河、槐林四个区委和(无为)五区工委、舒桐庐县委等。

抗战胜利后不久,1945年秋,父亲随新四军第七师离开无为,"北撤"至山东等地,与家里失去了联系。现在回想起来,那段时间父亲连一封家书也没有,可能是以下几个原因吧:长期处于战斗状态,居无定所,驻地无法固定;即便是化名的通信也可能落入国民党基层政权手中,如此会给我们母子带来新的连累;多年的超负荷工作使得他的身体严重透支,染上了当时基本无望治愈的肺病,亲人知晓后会增加徒劳无益的思想负担。

解放战争时期的三年时间内,我的祖母、母亲和我们弟兄都在盼望中、等待中苦挨时间的流逝。祖母在思念中曾回忆说,1941年,已经外出革命四五年的父亲写信给家里,要求家里借钱或变卖家产寄给他,支持他的"生意"(隐语,指革命)。祖母为此心里很不平衡,她不明白:人家当官给家里带来的是金钱和荣耀,可是我父亲给家里带来的却是国民党顽固势力的刁难,我们不仅没有因此荣华富贵,反而为之担惊受怕,甚至还要倒贴钱财。祖母对父亲的"埋怨",更使我对父亲刮目相看,她哪能理解共产党和国民党的根本区别啊,这个道理我也是参加工作后才逐步明白的。

烈士魂归故里,吾辈传承先辈精神

内战全面爆发后,因父亲参加新四军,我们自然成为"匪属",家乡舒城百神庙的国民党基层政权人员,三番五次找上门来威胁、恐吓我们,要母亲动员父亲回来"自首",不然要杀我们全家。家乡无法待下去了,先是到亲戚家躲藏,后来受到"通匪检举、五户联保"的震慑,我们不忍心也不能去麻烦甚至连累亲戚了。此后,母亲抱着尚在褓褓中的三弟、拉着大一点的我和二弟到处流浪,靠给有钱人家打零工挣钱维持生计,就是这样,一处也不能久待,担心被人怀疑而被检举出来,只好干几天就走,印象中最远时曾跑到过庐江等地。

1949年初,家乡舒城解放。此后,很多当年参加革命的人纷纷与家里取得联系,而我父亲仍是杳无音信,生死不明。在父亲战友、我舅舅张轼的多方查找下,父亲终于有了下落:他因积劳成疾,于1947年就在河北故城解放区永远离开了人间。得知音讯的母亲,在新生的舒城县人民政府的帮助下,将父亲遗骨迁回舒城安葬,使父亲魂归家乡,舒城县人民政府立有"革命烈士胡孟晋之墓"纪念碑。

在各级党组织的关爱下,我们弟兄三人先后接受教育,享受吃、住、穿全免的优厚待遇。工作后,在党组织的教育、培养下,我们都相继走上领导岗位。工作中,以父亲为代表的为革命、为人民大众牺牲个人、牺牲家庭以及与人民群众建立鱼水之情、为广大人民谋利益的新四军精神,始终影响着、鼓舞着我们,因此不论在什么岗位上,我们都能把人民的利益放在第一位,兢兢业业、勤勤恳恳地工作,为完成父亲等新四军老战士未竟的事业而尽一份力量,我想,这也是怀念父亲的最好方式,父亲在天之灵应该感到些许慰藉。

可以说,我与新四军结下了不解之缘。在职时,我作为市委副书记曾分管过党史工作和新四军历史研究会工作;退休后,奉组织之命,我担任了市新四军历史研究会会长,直接从事新四军的研究、宣传工作。如今,十几年过去了,自己也到了古稀之年,对新四军精神、父亲的内涵等理解有了更深的感受和体会。虽然新四军番号1947年就已取消,父亲胡孟晋烈士也在这一年永远离开了人间,但随着对新四军研究的深入和自己阅历的增加,我对新四军的"铁军"精神、对父亲的"爱"感受更加深切了。我不仅要把这份大写的"爱"在心间永远珍藏,更要身体力行,让以爱国主义为核心的民族精神永远发扬光大。

(整理:郭照东)

胡孟晋、张轼、张惠：
我们家族传统是投笔从戎[①]

钱珺陶

今年 93 岁的安庆市民张轼是一名新四军老战士，15 岁时就加入了新四军四支队政治部战地服务团。张轼说，他的祖父、父亲、姐姐包括自己都曾是读书人。谁料到，这个书香门第却走出了好几位抗战英雄。请听安徽台记者钱珺陶为您讲述胡孟晋、张轼、张惠一门三英烈的故事。

张轼老人的书房里，三个书橱塞满了各种历史遗作，其中最珍贵的资料之一，就是他的姐夫、张惠女士的丈夫胡孟晋烈士留下的一批战地家书。其中有一封 1944 年 10 月，由胡孟晋为张轼代笔写给家中母亲。当时，母亲希望外出当兵的张轼能回家操持家务。胡孟晋在信中代内弟婉言拒绝。张轼："要等待国运好转、民解倒悬的年头。近阅报载：意国已无条件投降了，日军末日想亦可见，胜利时间迫近，不独国家幸运，亦即我家之幸运，惟请大人等不可过急。"

胡孟晋出生于 1914 年，他的兄长胡永林是黄埔军校第三期毕业生，是一

1978 年，胡孟晋烈士之妻张惠与烈士战友、妻弟张轼合影

深切缅怀

---

① 安徽新闻综合广播 2015 年 8 月 21 日 10 时 58 分播出文字稿。作者系安徽广播电视台记者。

名参加过南昌起义的共产党员。七七事变爆发前,胡孟晋从省立池州乡村师范高级班毕业回到家乡舒城办学。胡孟晋既当校长又当教员,推行陶行知的平民教育思想,宣传革命理念。1937年寒假,胡孟晋和学校的进步人士,悄悄参加了舒城县地下党组织的游击干部训练班。

"都是教书的,都是老师。1938年新四军还没到我们舒城,还在霍山阴山,很早之前,1938年春天他就去了。他们就带头,很多人就受影响,他们的学生和同事,都去当新四军。"

1938年秋冬时节,抗日烽火燎原。胡孟晋的战友王大川回乡办事。这一次,张轼找到了王大川,要求参军上前线。王大川带着不到15岁的小张轼,辞别母亲和姐姐张惠。张轼成为新四军第四支队政治部战地服务团的一名团员,当年的老团长是汪道涵。汪道涵还作为介绍人之一,推荐胡孟晋加入了中国共产党。

胡孟晋当年写给妻子张惠的家书中,常常透露出浓烈的爱意。他希望妻子多写信,字写得不好没有关系,"因为是我爱人写的,不好也是好的,是香的,是甜的,是蜜,是果……"同时他在给妻子的《辞别书》中也说,国危见忠臣,请你安心在乡努力妇女解放事业,成为女英雄。在丈夫的鼓励下,从小读书习文的张惠在家乡组织了妇女抗敌协会。胡孟晋为妻子拟写了《在妇女抗敌协会上的讲演辞》,呼吁"做有益于国家的事,才不辜负我们妇女对国家的责任"。胡孟晋还作了一封细致的《讲演注意事项》。

张轼:"各位、诸位是指两个以上多数人之称……目光要注意全场,不要对某一处……不要怕丑,不要慌,胆子要放大,常说话就好了……要一句一句地,说话似的,不要像背书似的。这个内容很丰富的。"

1942年,胡孟晋调往新四军第七师创建的皖江抗日根据地工作。抗战胜利后,他随军北撤至苏北、山东,1947年积劳成疾,埋骨他乡。已是耄耋之年的张轼至今还记得姐夫在学堂教学生们唱岳飞的《满江红》。

"怒发冲冠,凭栏处,潇潇雨歇。抬望眼,仰天长啸,壮怀激烈。三十功名尘与土,八千里路云和月……"

献身革命　忠贞爱情

——烈属张惠的故事

柳　文

张惠,生于 1915 年正月初一,生长在一个农村知识分子家庭,早年跟随在当地教育界颇有影响的父亲熟读诗书,自幼受到爱国主义、民族思想的熏陶。出嫁后,更是受其夫胡孟晋的影响,思想进步,面对国破家亡的危难,她深明大义,敢作敢为,是一个非同寻常的乡间女子。她的一生颠沛流离,有着许多不平凡的故事。

张　惠

国难当头　送夫出征

七七事变拉开了全面抗战的序幕,从乡村到城市,从学生到农民,人们的爱国热情高涨,救亡的歌曲到处传唱。在其丈夫、乡村小学校长胡孟晋的影响下,张惠经常阅读书报,关心国事,时常传唱《毕业歌》《义勇军进行曲》等进步歌曲。当年寒假期间,中共地下组织在舒城中学秘密开办"游击人员训练班",其夫胡孟晋前往参加培训,张惠为他悄悄准备行囊并保守秘密。1938 年春,日寇侵入华中,合肥、安庆等地相继沦陷,其夫胡孟晋和几位志同道合的热血青年在一起密商,准备奔赴大别山腹地参加中国共产党领导的新四军。他们夫妇恩爱,感情深厚,已育有两个幼子,但她深知救国家民族于危亡的"匹夫"之责,毅然同意送夫参军。

献身宣传　动员抗战

日军相继侵占蚌埠、合肥后,安徽省国民政府西迁大别山,江淮大地大片国土沦陷。此时,国共合作的抗日统一战线已初步形成。在中国共产党的支持下,安徽各地自上而下建立了各级抗日民众总动员委员会(简称"动委会"),一批"工作团"深入乡村宣传组织群众,张惠踊跃参加工作团召开的各种会议,积极演讲呼吁,动员大家为了抗战"有钱出钱,有力出力"。针对妇女受封建意识影响深的状况,在当地乡、保"妇抗会"成立大会上,她大声疾呼:妇女同胞们,自古以来,中华民族就有保家卫国的传统,我们要舍小家为国家,不当亡国奴,快快送夫送子参加抗日救亡工作;在后方的姐妹们,要团结起来,支援前线,打倒日本强盗!一时间,她以自己的实际行动,掀起了家乡妇女送夫送子上前线的高潮,成为当地抗日救亡活动中的女中豪杰、巾帼英雄。1939年底,其夫胡孟晋曾被中共组织秘密派回舒城、庐江一带,在国民党统治区做联络工作,一段时间后她把丈夫送回到新四军。

颠沛流离　扶老携幼

皖南事变后,国民党顽固派掀起反共高潮,当地土顽顿时气焰嚣张,公开叫骂张惠是"匪属",逼她动员丈夫"回家"。为了支持丈夫的革命事业和避开土顽迫害,张惠就与他们玩起了"捉迷藏"。这期间,她心挂两头,既不得不用化名与丈夫始终保持着联系,牵挂着身在抗日前线的丈夫安危,又想方设法承担起赡养两位长辈(母亲和婆母)、抚养年幼孩子的重任,生活上倍受煎熬,但她相信党所领导的人民革命一定会胜利。

1942年底,为了巩固皖江抗日根据地,其夫胡孟晋调入第七师战斗的无为、庐江地区,他们一度得以团圆,过上了一段艰辛的"随军"游击生活。但不久后,为了照顾年迈多病的婆母和刚刚出生的三子(胡俊),又辗转回到了家乡,继续与土顽周旋,此后与丈夫胡孟晋失去联系。

一床棉被　烈士遗骸千里归乡

1948年,全国各个战场捷报频传,张惠的弟弟、胡孟晋的战友张轼在随军南下途中,从华东军区后方留守处战友陈昭著口中打听到,胡孟晋已于1947年病故。1948年底,张轼由山东南下江淮军区工作(任第四分区宣教科长),正在司令部参加支前工作时,未料肺结核病复发,经黄岩副政委批准回乡休养,这才得以把胡孟晋烈士的情况告诉姐姐张惠。

2010年清明节,胡孟晋烈士夫人张惠祭奠夫君

此时,解放战争胜利在望,烈士遗愿即将实现,张惠内心的极大悲痛暂且得以安慰,但也为烈士未能看到家乡解放、未能等到家庭团圆而感到痛惜。她秉性坚强,办事果断,不久即做出北上运回烈士遗骸的决定。经家乡舒城县人民政府同意,并出函商请烈士病故地点河北省故城县予以支持。张惠在五弟张杰的陪同下,自带干粮,日夜兼程,不远千里,用一床棉被将烈士遗骸背回家乡。当时,杨震县长等领导对张惠此举莫不敬佩,交口称赞,夸赞她果敢、干练、有魄力,并代表县政府给予一口棺材,对烈士遗骸进行重新装殓,烈士被安葬在家乡钟家畈。张惠对丈夫胡孟晋烈士"马革裹尸还"的义举,对革命、对爱情的忠贞不渝,被家乡人民广为传颂。

胡永林传略①

郭照东

胡永林(1908—1931),原籍安徽省庐江县大烟岗胡家大屋,幼年丧父后,与弟胡孟晋(原名永荣,字以行,革命烈士)随母亲钟氏移居舅舅家舒城县百神庙镇舒平村,租种土地,维持生活。

为改变生活状况,胡永林母亲含辛茹苦,节衣缩食送其读书。在舒城中学读书期间,因广泛阅读进步书刊,思想上逐步受到民主革命思潮的影响,他对革命风暴中心广州充满了向往。1924年,经前清秀才、中国同盟会会员葛荩臣介绍,与葛国均、李鸿书、王韧千等结伴前往广州。几经周折,胡永林到达广州,考入心仪已久的位于广州黄埔中央陆军军官学校第三期骑兵科学习。

1924年12月,黄埔军校第三期开学,录取人数达到1300多人,学习阶段分为步兵科和骑兵科。入校后,胡永林接受了3个月的入伍生教育,并顺利通过考试而转为黄埔军校第三期学生。1925年7月1日上午9时许,在广州黄埔中央陆军军官学校校本部进行第三期开学典礼,胡永林和校本部的全体教官、学员参加了这一仪式。

在黄埔军校学习期间,按照"术科""学科"课程计划,胡永林系统学习了《基本战术学》《应用战术学》《兵器学》《筑城学》《交通学》《地形学》《军制学》等课程,并于1925年8月参加了在广东花县一带组织实施的军事演习,

---

① 资料来源:陈予欢著:《风云际会——黄埔军校第三期生研究》,中山大学出版社2008年版;2015年4月27日,胡永林亲属胡德新回忆。

10 月参加了广州革命政府第二次东征,军事能力在实战中得到锻炼和提高。1926 年 1 月 17 日,黄埔军校第三期举行毕业典礼,胡永林结束了为期一年的黄埔军校学习生涯,随即被分到驻防广东潮汕地区的国民革命军所属部队见习。

20 世纪二三十年代曾任舒城县百神庙镇邮政所所长的钟铸九先生,与胡永林关系要好,胡永林寄回的家书就由钟铸九负责收转。据钟铸九回忆,服役位于广东潮汕地区国民革命军的胡永林,随部参加了北伐战争,曾进军至长江流域。在战斗中,胡永林体现出较高的军事指挥能力,21 岁时任团长,曾与周士第上将并肩作战。

1927 年 4 月 12 日和 7 月 15 日,蒋介石、汪精卫先后在上海和武汉发动反革命政变,疯狂屠杀共产党员和革命群众。面对屠刀,胡永林公开喊出"打到蒋介石"的口号,表明对蒋介石背叛革命的愤恨。

大革命失败后,为反抗国民党反动派的屠杀政策,唤醒广大民众,1927 年 8 月 1 日,南昌起义爆发。南昌起义是土地革命战争时期,中共联合国民党左派打响的武装反抗国民党反动派的第一枪,揭开了中国共产党独立领导武装斗争和创建革命军队的序幕,胡永林随叶挺独立团参加了这次武装起义。

南昌起义爆发后第 3 天,起义部队奉中共中央命令,按原计划相继撤离南昌,踏上艰难曲折的南下广东征途,准备到广东重建革命根据地。胡永林随叶挺率第 24 师历时近两个月,突破敌人重重围追堵截,经临川、广昌、瑞金、转战福建,最后同贺龙率领主力部队到达潮州、汕头、揭阳、海陆丰一带,坚持开展革命斗争。

在回师潮(州)汕(头)地区的连续行军作战中,胡永林身染疾病,无法继续参加战斗。为减轻部队负担,他只身返回家乡安徽舒城,打算养好身体后重返前线。自广东返回舒城时,染病的胡永林仍带回了几件心爱之物:一张蒋介石签发的黄埔军校毕业证书,一张身着长款黄军大衣的戎装照片,一把新月形的军官指挥大刀。据胡永林亲属回忆,这几件物品毁于"文革"初期的破"四旧"期间。

回乡的胡永林,虽得到了亲人的照顾,但限于当时的医疗条件,其疾病不仅没有好转反而加重,于 1931 年病逝,葬于舒城县百神庙镇舒平村。因胡永林未曾成家,没有留下后代,按照舒城习俗,经长辈商定,将胡永林之弟胡孟晋的长子胡德新过继到胡永林膝下。

位于安徽省舒城县百神庙镇的胡永林墓碑

关于嘉山县抗日民主政府建立之始末[①]

汪道涵

嘉山县抗日民主政府建立的时间,我记得是在 1940 年 2 月上旬,也即是阴历的年初三或年初四。津浦路东八县联防办事处成立的时间是 1940 年四五月份。那时是嘉山县先成立了抗日民主政府,之后是来安、天长、六合,然后北向就是盱眙、高邮、淮宝,再向南边到甘泉,先后建立了抗日民主政权。中心地带是在嘉山县的自来桥和来安县半塔集附近。当时,方毅、郭述申、罗炳辉、朱云谦等同志都住在那里。由于都成立了县政府,1940

汪道涵

年 4 月份在此基础上成立了八县联防办事处,主任是贺希明,以后是邓子恢、方毅同志,指挥是张云逸同志。

嘉山县抗日民主政府于 1940 年 2 月上旬在自来桥建立后,潘村、紫阳、泊岗及河梢桥于 2 月底划过来由嘉山县领导,曹波同志是河梢乡第一任乡长。接着成立了四个区:一区自来桥,区长范君实;二区津里区,区长李经义;三区古沛区,区长周志凯;四区裘集区,区长吕锦业。这样的行政区域一直延续到 1940 年 9 月。之后,日伪占领了津里,把我们割断,潘村、紫阳、古沛移交给淮北,划开归盱凤嘉领导,嘉山县即成立了自来桥、裘集、涧溪、鲁

① 此文来源于明光市政协网站,系 1983 年 11 月访问上海市市长汪道涵记录,王齐家整理。收入本书时文字上略有改动。胡孟晋烈士与汪道涵曾共同战斗在淮南抗日根据地路东的嘉山县(今明光市)。为从一个侧面反映胡孟晋烈士期间的工作,特转载此文。

◇ 深切缅怀

山四个区。

在嘉山县抗日民主政权未建立之前，1939年5月下旬，方毅、朱绍清和我三个人过路东开展活动。这一任务是郭述申同志交代给我们的，当时郭述申同志是中原局委员，中共中央中原局书记是刘少奇同志。在这之前，我在战地服务团，1938年夏，我和陈启同志负责战地服务团工作，陈启同志担任团长，我是副团长，还有刘海燕同志担任指导员。1938年在舒城、六安、霍山组织了抗日游击先遣队，我担任政治委员兼抗日游击先遣队副司令，郑时若同志担任参谋长，政治部主任曹俊梧（"文革"前是福建省公安厅厅长），一直到1939年的二三月份，后又接到新的任务，带领一部分同志随张云逸同志到全椒、滁县地区。1939年4月，全椒被日本人占领了，为广泛开展抗日武装活动，战地服务团一个团在全椒划分为两个团。当时在服务团工作，现在上海的还有孔祥云，在南京的有赵定，我是服务团团长。

1939年5月下旬，我们过了铁路，开始在自来桥与张八岭之间开展活动，也就是杨如新同志家乡来安县复兴乡张铺郢一带，过来时是一个营人，以后又到古城、自来桥附近山上。当时我负责地方统战和党群工作，活动范围在嘉山、来安、盱眙之间。1939年6月，我经手发展建立了自来桥第一个党支部，建立党支部时我参加了会议，就在刘长煜（即刘仲民同志）家里，刘长煜、金石、周正谓三个同志进行了入党宣誓。1939年间，为了做好敌军内部工作，在国民党周少藩的军队里，我还亲手秘密发展了金汉溪为中共党员（秘密党员），当时是不能公开的，只有我知道。我发展他，是由周骏鸣同志批准的。因为我发展金汉溪同志入党，不能由我批，当时周骏鸣同志是新四军五支队参谋长，是在1939年七八月份回到小横山，我向他汇报的。1939年秋，当时我在小横山里，我们组织了一支游击队，如张厚民、吴少桐（现任福州部队后勤部政委，已离休）等同志都在这支抗日游击队里。当时我从服务团里派了刘昶同志去，通过张厚民同志组织了第一支游击队，还有我的弟弟汪干也在这支游击队里，这支游击队就在三界、管店、涧溪一带开展武装抗日活动。刘昶于1940年春因在生活上犯了错误，脱离部队回庐江去了，那个时候，纪律很严格。这个队伍留下来了，并坚持开展抗日活动。

1939年冬天，根据组织上决定，我又到来安县，担任新四军五支队办事处处长,江靖宇同志是书记,我是委员。从 1939 年冬开始,我一直在来安县工作,当时来安县的县长是张百非,科长于叔文,是来安人。我在办事处主要做这方面的工作:促进抗日民族统一战线的发展,并发展党员。我和江靖宇同志在来安着手建立了党的组织,发展的共产党员有朱寿安等同志,朱的公开身份是来安县动委会成员。在古城还发展了梁化龙。

位于安徽省明光市自来桥镇的嘉山县抗日民主政府旧址

接着,我又接到命令,赶到盱眙县,开辟盱眙工作。当时嘉山县刚成立,县委书记是陈东明,委员有金江、沙林同志。这时,来安县县长张百非跑到我们五支队司令员罗炳辉同志处,要求派我去来安县,还有一些同志劝我不要去盱眙县,因为盱眙县顽县长秦庆霖会下毒手,去了有危险。我说:"组织上已经决定我去,干革命怎么能怕危险呢?"当时我还是决心去了,并带了三个人去与国民党盱眙县县长秦庆霖进行谈判,途中就住在曹波同志家里。与秦庆霖谈判、交涉的结果,我们部队可以到河梢桥一带进行活动了,同时,盱眙县也同意了我们意见,可以到潘村华家围借一部分粮食,解决我新四军部队粮食问题。当时天下着大雪,离开盱眙,气候很冷,我们在津里住了一天,冒着严寒和大雪赶到潘村。这时,我新四军五支队十团团长陈钧、政委赵启民(现任海军副司令员)、政治部主任王善甫,在我去潘村华家围的同时,也带领十团部队同时行动。我赶到华家围围子里时,我们十团部队已布置好了。而秦庆霖的副官洪端也带了部队把我们包围起来。在那里打了一仗,由于我们事先也有了充分准备,华家围被我们打开了,我们搞到了粮食,也解决了十团部队的口粮问题。

在华家围搞了一部分粮食后,我告别陈钧、赵启民同志,就赶往殷庄去争取一支武装,这支武装也是当时的地方武装。在那里我见到了戴夕可,并见到了他大哥,当时他是这个地方的联保主任,经我晓以团结抗日道理,阐明我党抗日民族统一战线政策,我们争取了这支武装,组织了第二支游击队。戴嘉煌、戴玉汝同志都是这时参加这支抗日游击队的(戴嘉煌同志,原任中央军委纪检会纪检处处长)。尔后,我就回到五支队司令部,这时已是元月底,罗司令告诉我,国民党嘉山县县长周少藩要跑了,要我去稳住他。我又赶到周胡港,罗炳辉和郭述申同志要我第二天即赶去。当时,金汉溪不断地给我们送来情报,金汉溪是周少藩县大队的大队副,他是在周少藩县大队里的经我发展的秘密党员。我离开周胡港约两里多路,就碰到了刘长煜同志,刘长煜同志说:"能去吗?"这时已进入周少藩的设岗范围。我也分析了周少藩的情况,当时周少藩动摇得不得了,即一方面不敢得罪我们新四军,另一方面又不愿留下来。周少藩采取避而不见,并派人把我关在一个老百姓家里,反手锁起,把我锁在里面,他根本不与我见面。周少藩自己跑了,却把他的秘书齐少彬留下来。他为什么把齐留下? 第一,是不要和我们新四军搞的太绝了,好给自己留个后路;第二,是齐少彬也不想跑;第三,把齐留下来好对我保护一下,留个人情给新四军。由于党组织及时派人送信到支队,部队迅速赶到,我才脱险。关于这件事的经过,我记得五支队的一位同志当时还写了一篇"汪道涵脱险记"的报道,登在当时的淮南抗敌报上。第二天,我即赶去半塔到支队汇报周少藩已跑了的情况。我在司令部里住了一个晚上,就接到师部(五支队)的命令,要我担任嘉山县抗日民主政府的县长。

我接到命令,建立嘉山县抗日民主政府时,陈东明同志已不在嘉山,调去盱眙县担任县委副书记,桂蓬同志是县委书记并担任县政府民政科长。1940年3月在自来桥举行了成立嘉山县政府的仪式,农会代表和一些各界人士都参加了。戴夕可于1940年2月即到了涧溪,找到我表示参加革命的志愿,从此参加了革命。3月下旬,县政府又迁到了大徐郢。县政府的工作人员是:曹义斋同志担任我们县政府粮食科副科长,县政府秘书杜李,文教科长包之静,粮食科科长何义正,何后来调走了,就是曹义斋同志一个,担任粮食科副科长,财政科长蒋鸿飞,当时他是中间分子。

　　中共嘉山县委委员当时是由以下九个同志组成:江平秋、汪道涵、金江、丁明志、刘沛霖、李景翼、周济之、杜李、包之静。胡孟晋是县委机关秘书,办事人员有方一(女),还有一个女同志黄彬(后担任区委书记)。

　　建立县政权后,我们广泛开展了抗日民族统一战线工作,深入发动群众,组织民众抗日武装。我们把桑国权、汪乃迁等人组织的武装争取和改造过来,在殷庄组织了一支有八百多支枪的抗日武装。当时,我和赵启民同志采取了许多策略和办法,做了许多工作,才把那支武装搞过来,重新组织成为抗日武装。这时期我们与顽固派秦庆霖打了一仗。由于当时在执行政策上也有点毛病,地主纷纷跑了,日军对我们抗日根据地不断进行扫荡,伪军

汪道涵(右)与罗炳辉(左)等合影

进行蚕食，情况比较紧张。一次在乌石山，我们与日伪军打了一天，战斗很激烈，半夜里敌人跑了。还记得那天晚上，我们都睡在露天。1940年四五月，路东省委决定成立八县联防办事处。1941年冬，路东省委决定调我去担任八县联防办事处副主任（开始还兼嘉山县长），主任是方毅同志。不久，即改为淮南行政公署，方毅同志担任主任，我担任副主任。这时嘉山县委书记是金江同志，周济之同志担任县长。

关于嘉山参议会的建立时间，是在1941年4月。参议员有宋干卿、何寿之、周鹤元、吴相臣、雷国勋等人。在广泛开展抗日武装斗争，实行民主政治，不断巩固根据地的同时，在文化教育工作方面，还抓紧了学校的恢复工作。自来桥、涧溪、裘集、白沙王、古沛等根据地，都恢复办起了学校，使根据地的抗日文化教育工作走上了恢复和发展的轨道，为抗日战争和解放战争培养了一大批干部。

媒体传真

耿耿气节在　绵绵亲情长

百姓家书映射抗战烽火①

《人民日报》　丁　章

在纪念抗日战争胜利 60 周年的日子里,一批鲜为人知的抗战家书引领人们走进那段艰苦卓绝的历史岁月。近期由中国国家博物馆等单位联合发起的抢救民间家书项目组委会收到来自民间的抗战家书近百封,其中既有中国共产党领导的八路军、新四军指战员写给家人的书信,又有国民党军队抗日将士的战地家书,也有在日军铁蹄蹂躏下的普通百姓的心声。这些浸透着血与火的家书,从一个侧面真实地再现了抗日战争时期普通百姓的苦难生活,以及抗日将士誓死保家卫国的民族气节。

国之不存家何在

来自浙江的收藏爱好者周立峰先生捐赠了一封纸张发黄、信封破损的家书,周先生多方考证,它的作者是一位江西籍的红军战士,经长征后到达陕北。而信写于 1937 年 4 月 30 日,当时抗战还没有全面爆发,红军尚未改编为八路军,但西安事变已经发生,第二次国共合作已经达

《人民日报》,2005 年 9 月 15 日

① 《人民日报》,2005 年 9 月 15 日。

◇ 媒体传真

成,因此信中提到了"国共合作"。这封普通红军战士写给江西老家的信流落民间,被周立峰在一次拍卖会上取得,其作者下落已不可考。从行文上看,作者文化水平不高,文法上有多处不通顺的地方,但谈到抗日的情况时行文却流利而铿锵:

父母亲大人膝下:

　　敬禀堂前万福金安!近来身体是健康,饮食增加否?……想必家中合家平安,但是我离家已久了,自从反攻以来未曾与家通信,衣食住行是很平安,请大家不要挂念。我在外,大家都是为着抗日的,为了保护我们的国家,为着自己的家庭来做事……

　　与红军战士于军旅生活中匆匆挥就的朴素书信相比,新四军战士胡孟晋离开故乡时给妻子写的信就显得生动活泼、深思熟虑。

　　胡孟晋,安徽舒城人。抗战爆发后参加了新四军战地服务团,从此投身抗战,转战于安徽、江苏之间,后又随新四军北撤,1947年在故城逝世。这封信写于1939年,信中对妻子作为革命伴侣的思想进步寄了很大的期望:

　　最亲爱的惠呵,我们又要离别了!大难当头,应踊跃赴前线杀敌。希望你将无知识的妇女组织起来,宣传和教育她们,使伊等知道"皮之不存,毛将焉附?""国之不存家何在?"使她们不致含泪终日,倚门遥望前线上的夫、子早日归来呢!

　　惠,要革命成功,须经过艰难困苦的阶段,当此环境中是要立定脚跟,具坚强之意志,任何之外诱不可动摇的,"国危见忠臣",要在困难中锻炼成真正的革命者啊!

　　而这位张惠女士果然没有辜负丈夫的期望。据了解,张惠随后便在家乡投身于"妇女抗敌协会"的组织工作,在胡孟晋烈士逝世后又抚养几个孩子长大成材,至今以91岁的高龄健在①。

愿洒热血卫中华

　　安徽岳西县的储淡如先生捐赠了程雄烈士的两封家书。程雄,安徽省

---

① 张惠,1915年生,2014年离世。

岳西县人。1939 年到新四军江北游击纵队,1940 年 5 月分配到新四军第二师五旅十三团二营三连任副政治指导员兼党支部书记,临行前他写了一封家信:

亲爱的双亲大人膝下:

儿这次为了民族,为了阶级,为了可爱的家乡,为了骨肉相连的弟妹,求得生存和幸福,不得不来信辞别双亲大人,如果不能活着的话,双亲大人应保重玉体,抚育好弟妹,生活难度的话,可卖掉土地、房屋,把生命糊过来,到十年八年我们就好了,有饭吃、有衣穿、有房子住,现在儿就要离开大别山,走上最前线消灭敌人,保卫中华,望双亲不要悲伤挂念,儿为伟大而生,光荣而死,是我做儿子最后的心意,罪甚! 罪甚!

据说,接到这封信,他的父母和全家人都哭成泪人儿,但父母亲深明大义,立即回了一封情真意切的信,劝慰儿子不要挂念家庭,英勇杀敌,报效祖国。1943 年 8 月 17 日,程雄在江苏省六合县桂子山与日本侵略军作战中壮烈牺牲。

浙江武康的一位老人褚召南捐赠了一封珍贵的家书,是他的二哥褚定侯于 1941 年 12 月写给兄长的。褚定侯牺牲前是国民革命军陆军第四十一师的一位排长。

1941 年 12 月下旬,日军重兵进攻长沙,与国民党军队展开第三次长沙会战,褚定侯奉命坚守浏阳河北岸,阻敌南犯。在坚守阵地的间隙,他提笔给大哥写了一封信,通篇贯穿着大敌当前、视死如归的紧张气氛与战斗豪情。

褚召南后来了解到,在前有顽敌、后无援兵的困难情况下,褚定侯率部孤军与日寇昼夜血战,直至全排官兵壮烈殉国。1942 年 1 月,由于我军官兵的合力抵抗,第三次长沙会战以中方的胜利而告终。

匆匆奔波大会战

今年 4 月,71 岁的上海老人姚慰瑾因为捐赠了父亲姚稚鲁的一批家书而成了"名人"。

1937 年 8 月,淞沪会战爆发,姚稚鲁一家所在的上海南市区老城厢很快陷于敌手,百姓纷纷逃难,姚稚鲁率妻子马芳珍和两个女儿慰瑾、亚瑾逃往法租界妻兄家。1938 年 4 月,性格倔强的姚稚鲁不愿依赖亲戚过活,不顾有病在身,决意孤身一人离沪去外地求职。那一年,姚慰瑾才 4 岁。

姚慰瑾的父亲姚稚鲁是一名普通的小学教员,除了一两张模糊的照片,父亲留下的便是一些抗战期间离沪后写给家里的书信。这些信不仅记录了姚稚鲁在这个世界上的最后踪迹,也为抗战期间的民间景象留下了鲜活的第一手记录。

离沪后,姚稚鲁先后到过南昌、武汉等地求职,均无结果,1938 年 8 月便彻底和家人失去了联系。由于这一阶段先后爆发徐州会战、武汉会战,当时的国民政府集中兵力和日军展开决战,华中一带兵荒马乱,难民如蚁。他先后寄回上海的信也能看得出写于匆忙之中,纸张大小不一,日记、书信形式各异,落笔草草,仓皇之势显然。

"在中原大会战的准备声中,武汉密布着恐怖空气。走啦!走啦!重庆、成都、香港、上海,纷纷地忙着奔波。我呢,满望到了汉口,或许在生活上有一点儿希望,如今可毁啦!不单舍却你们,在外面度那可怜岁月,而且要跟上四姊逃难哩!乱世做人,简直不是人。"

写完这封信不久,姚稚鲁便杳无音讯,据说因贫病交加而死,但无从知道死于何处。

从一封封家书里,我们似能闻到当年的硝烟,看到一幅幅"流民图",从而拉近我们与那段历史的距离。这些家书不仅记载了一段血与火的历史,而且承载着绵长而醇厚的亲情,真实反映了在国破家亡的危急关头,血洒疆场的抗日将士不屈的民族气节,以及在日寇铁蹄蹂躏下普通国民的心路历程,今天读来仍催人泪下,余味绵长。

抢救民间家书活动由中国国家博物馆等共同发起,今年 4 月启动以来,在海内外华夏子孙中引起了强烈反响,目前项目组委会已收到家书近 1.8 万封。其中,有近百封写于距今 60 年前的抗日战争时期。

家书见丹心　浩气满乾坤①

《人民日报海外版》　杜　萌

在中国共产党 90 华诞即将到来之际，我们前往中国人民大学博物馆参观了正在这里举办的"中国民间手写家书展"，该校

《人民日报海外版》，2011 年 6 月 17 日报头

家书文化研究中心执行主任张丁向我们展示了近年收集的部分红色家书。家书的作者们以朴实的语言、真挚的情感，发自内心地抒发着为了民族的独立、人民的解放、国家的富强而不惜英勇献身的赤胆忠心。让我们随着一封封直指心灵的红色家书，去触摸一段段血与火的历史，感悟革命先辈们英勇无畏的情怀。

矢志不渝　前仆后继

1924 年年初，中国共产党和中国国民党实现了第一次合作，在中国大地上发动了反对帝国主义、反对封建军阀的大革命。1926 年夏，国民革命军挥师北伐。在沿途人民群众的大力支持下，北伐军势如破竹，半年多时间里，就占领了长江流域和东南沿海各省，消灭了北洋军阀吴佩孚和孙传芳的势力。在北伐战斗中有着共产党人的身影。

现南昌已克复，三二日后，我将到江西省城去了！将来不知能否到南京、上海。南昌到汉口只需二日，汉口四日到重庆，要是我会回家也很容易，

---

① 《人民日报海外版》，2011 年 6 月 17 日。

◇ 媒体传真

不过我现在不能回来! ——共产党党员陆更夫致五弟陆希圣家书节选,1926 年 11 月于江西高安

这是陆更夫在北伐途中写的家书,是他唯一幸存的遗墨。陆更夫 1925 年考入黄埔军校,同年加入共产党,是中共早期领导人之一,曾任两广省委书记。1926 年,身为叶挺独立团某部政治指导员的陆更夫参加了北伐战争,1932 年由于叛徒出卖,被捕后从容就义,时年 26 岁。

1928 年,陆更夫曾于赴苏联莫斯科大学留学期间,与战友黄海明相识、相恋,结为伴侣。1930 年回国后,黄海明因怀有身孕,留在上海工作,陆更夫则被派到广州。谁料此次分手,竟成永诀! 直到 1952 年 5 月,黄海明才得知陆更夫的母亲及弟妹的下落,她立即给他们写信:

我是 1933 年带着刚满周岁的孩子在上海被捕,后押解到南京判徒刑 10 年,直到 1937 年七七事变才放出来……未见过面的弟弟妹妹,你们生活如何? 母亲今年多大年纪了,身体还健康吗?

妈妈! 我不是无情人,我对更夫同志始终没有忘记过……他牺牲以后我不但没有消极工作,相反我更坚强了,我步着他的后尘,踏着他的血迹,抱着对国民党仇恨的心情,为更夫同志报仇,担负起他未完成的事业。——共产党员黄海明致陆更夫家人书信节选,1952 年 5 月 21 日于山东济南

书信文字质朴,讲述了陆更夫被害后自己和女儿曼曼颠沛流离的生活,平淡的语句流露出对黑暗时代血泪的控诉,流露出虽饱受迫害却始终未放弃理想的壮志豪情。是的,革命的火种是扑不灭的,一位烈士牺牲了,千万个战士站起来。没有这种矢志不渝的精神,没有这种前仆后继的气概,就没有中国革命的成功。

不怕牺牲　英勇抗战

1931 年 9 月 18 日,日本制造震惊中外的“九一八”事变,发动了蓄谋已久的侵华战争。一场反抗侵略的伟大的民族革命战争在华夏大地上轰轰烈烈地展开。中国人民经过了艰苦卓绝的抗日战争,付出了世所罕见的牺牲,无数共产党人付出了鲜血和生命。

日寇不仅要亡我之国,并要灭我之种,亡国灭种惨祸,已临到每一个中

国人民的头上……我们也决心与华北人民共甘苦、共生死,不管敌人怎样进攻,我们准备不回到黄河南岸来。——八路军副总参谋长左权致母亲的家书节选,1937 年于华北抗日前线

语言慷慨悲壮,意志不可动摇。寥寥数笔,表现出了一位八路军高级将领,对日寇的憎恨以及不怕牺牲、誓死抗击的决心。

夫今死矣! 是为时代而牺牲。人终有死,我死你也不必过伤悲,因还有儿女得您照应。——抗日名将、共产党人吉鸿昌就义前写给妻子的短札,1934 年 12 月 24 日于北平陆军监狱

没有戚伤的呜咽,没有哀婉的叹息,行文豪壮,音韵铿锵,爱国爱家之心,何等亦诚! 吉鸿昌性格刚毅,牺牲前以手指为笔,在刑场上写下了浩然正气的绝命诗:"恨不抗日死,留作今日羞。国破尚如此,我何惜此头!"诗中正气凛然,充满了临危不惧的革命精神。信中的殷殷嘱托,洋溢着他对妻儿的深深关切。铁石肝胆者读到此处,也会泪滴纸笺。

《人民日报海外版》,2011 年 6 月 17 日

我们又要别离……亲爱的,谁不愿骨肉的团聚,谁不留恋家庭的温暖,要知道国难当头,应踊跃赴前线杀敌。……对于我这次的外出,请不要依恋,要知道你爱人的走,不是故意地抛弃你,而是为了革命,为着独立自由的新中国而努力奋斗的啊! ——新四军五支队司令部秘书胡孟晋给妻子的辞别信,1939 年 11 月于舒城

在虎狼当道、阴霾满天的时候,胡孟晋看到了祖国新生的前景,文字里充盈着对祖国、对人民的忧爱,伟岸的气节与炽热的情感同生并发,情真意切。全信表达了对妻子的至爱深情,和为了拯救国家、解救同胞不惜牺牲个人爱情及生命的崇高革命精神,令人感佩。

坚定信念　勇于斗争

1946年4月,苦难的中国尚处于抗战结束后的短暂和平时期。然而,国民党反动派却撕毁停战协定,在外国势力的支持下,于当年6月依靠优势兵力,悍然对解放区发动全面进攻。中国共产党领导解放区军民英勇地进行自卫,开始了伟大的人民解放战争,推翻国民党统治,解放全中国。

我送父亲出了村口,一阵阵的悲酸直涌上心头来,我简直想放声大哭,啊！这也许是最后一次见面吧……妈妈,我们应擦干自己的眼泪。我万一不幸为人民战死,那也无须呼哭。你看,疆场上躺着的那些死尸,哪一个不是他妈妈的爱儿？……我不相信我们生来就是要受苦的,我们要听民主政府的话,始终跟着人民的救星——共产党走,跟着毛主席走。——八路军战士冯庭楷致兄长家书节选,1946年4月于河南安阳

在信中,冯庭楷思念家人,对年迈的父母双亲有诸多不舍和牵挂。但是,对人民解放事业的坚定信念、对党的无限忠诚又洋溢在笔墨间。出身农村的他深切感受到中国共产党为救亡图存、争取和平所作出的努力。冯庭楷深知只有共产党才能救中国,才能将人民的生活从颠沛流离、食不果腹中拯救出来。写完家书之后不到半年,他便英勇牺牲在战场。

是啊,正如家书中所说,那些战场上的骸骨,哪一具不是妈妈的爱儿。冯庭楷虽然只读过高小,但是他用毛笔小楷写的这封书信,字迹工整,语言真切,字里行间充满了阶级深仇、民族大恨,表达了对党、对毛主席、对人民的耿耿忠心,洋溢着对骨肉家人的拳拳亲情,感人至深,催人泪下。

明年我们就会打进关去,东北我们有强大的炮兵、飞机、坦克,百万大军将来轰轰烈烈地打进关去,全国的胜利就在眼前,那时再见吧！——解放军战士许英致母亲家书节选,1948年于华北

同冯庭楷一样,许英在信中也表达了对家中老母的思念之情,然而更令

人动容的,是他对解放战争的坚定信心。胜利就在眼前,劳动人民当家做主的日子就在眼前。

我们三路解放大军一起过江,去把国民党反动派的军队消灭光,解放江南人民,建立自由、幸福的新中国……新中国就要诞生,希望你多学习文化,以后为人民服务。——解放军战士袁志超致弟弟家书节选,1949年端午节于江西乐平

时任第二野战军第五兵团十八军政治部秘书的袁志超,在渡江战争前夕给自己的弟弟写了上面这封家信。信中文笔亲切流畅,行文如长风吹动,直落千里,充满了胜利豪情。

儿正值青年不能坐视被害,应该出儿这份力量去打敌人。因此,儿为祖国不能(不)尽孝,儿为人民不顾己事。近日站在革命队伍里,一定非要把敌人消灭完。——郭天栋致父母家书节选,1949年6月于咸阳

这封在战场上写就的家书尚未寄出。1949年6月中旬,一场枪林弹雨的恶战刚刚结束,解放军战士在打扫战场时,从一位牺牲的年轻战友身上发现了这封家书。这封浸透着烈士鲜血的遗书,充满浩然正气,展现了这位解放军战士的高尚情怀。

走出展厅,我依旧沉浸在红色的革命岁月中,那些泛黄的家书里有着共产党人为争取民族独立、人民解放、国家富强所发出的肺腑真言。英雄虽逝、浩气长存,为了建设光明、美好、幸福、富强的新中国,他们浴血奋战、视死如归,表现出大无畏的英雄气概和崇高的自我牺牲精神,谱写出一曲曲悲壮的英雄史诗。碧血垂青史,浩气贯长虹,他们的英名将永载史册,他们的革命精神不朽。

文化访谈录：烽火家书①

中央电视台

主持人马东：大家好，欢迎收看今天的"文化访谈录"。小时候，我们都学过这样两句诗："烽火连三月，家书抵万金。"我们生长在和平年代的人，很难想象在烽火连天的岁月里边，家书会是一个什么样的分量。今年是抗日战争胜利60周年，《文化访谈录》这期节目，我们搜集了一些抗战期间的家书，和大家一起分享这些家书背后的故事。

我手上拿着两封。首先，给大家念第一封，这是写于1940年的一封信。

（下略）

马东：我要给大家介绍第二封家书。我先给大家念一段它的第一段："最亲爱的惠啊，我们又要离别了，当你听了离别的声音，或者不高兴吧。亲爱的，谁不愿骨肉的团聚，谁不留恋家庭的甜蜜，要知道国家民族重要，个人前途重要，因此，又要别离

胡孟晋烈士长子胡德新在中央电视台参加节目录制（截屏）

① 中央电视台综艺频道（CCTV3）"文化访谈录"专题节目之《烽火家书》，首播于2005年9月1日晚20点35分。本文系此次访谈的同期声记录（部分）。

亲人,而远征他乡了。"这也是一封 60 多年前的信。今天,我们把封信作者的孩子胡德新先生请到了现场,让他来给我们介绍。胡先生您好。您请坐!

马　东:胡先生,这样一封信,写信人是谁?

胡德新:是我的父亲,叫胡孟晋。

马　东:胡孟晋!

胡德新:他是 1938 年参加新四军的。这是在参加新四军以后,被组织上派回来联络当地的地下党,这个时候回到家里。临走之前给我母亲张惠写的,叫《辞别书》。

马　东:胡先生,我看这封信的后面,就是您父亲当年给您母亲讲了很多道理。比如说,"皮之不存毛将焉附,国之不存家何在",就是让您的母亲在家里面组织妇女,把他们组织起来,从事妇救会的工作。这封信起到了这个作用了吗?

胡德新:起到了。我父亲给我母亲讲了很多的革命道理,讲了很多的抗日的知识。这封信《辞别书》写过以后,我母亲就积极地参加了地方的抗日妇女救国会。

胡孟晋烈士之妻张惠在家中接受中央电视台采访(2005 年)

马　东:张惠女士今年已经 91 岁高龄了,没有办法到我们演播室。我们派了一个摄制小组,录了一段张惠女士的图像,请大家看。

(字幕)分别的那一天

张　惠:他是 1938 年 9 月 3 号(走的),我这个小孩子(指胡孟晋烈士与其次子胡勋)9 月 9 号才出世,(也就是)走了快一个礼拜第二个孩子出生。

(字幕)他对我这样讲

张　惠:我们是年轻人吃点苦不要紧,我们要参加革命,我们年轻人要不参加革命,那国家就没有国家了,没有国家咋有家? 先有大家再有小家,他这么讲。

(字幕)在他的帮助下我参加了妇救会

张　惠:做了个本子给我讲,我要妇女同志送丈夫参军、儿子参军,国难当头,不参军不行。我们中国还有这么多人,日本我们还打不倒他们? 人多优势,大家都合在一块儿,那不就有力量嘛。就这么给他们讲。

马　东:我们下面给大家介绍这封信是这样写的。

(下略)

胡孟晋烈士:劝妻共抗战　国危见忠臣^①

中央电视台　乃之　方田　洽兵　徐波　显飞

【导语】在保家卫国的抗战年代,众多战士离乡弃子,奔赴炮火纷飞的战场。今天的《重读抗战家书》,我们带您品读原新四军五支队司令部秘书胡孟晋烈士生前写给爱妻张惠的书信。他从抗日前线传回的家书,不仅有对爱妻、幼子似水的柔情,更有劝妻子在家乡组织民众共同抗战,饱含对国家如火的丹心和对人民的满腔忠诚。

【同期】胡孟晋儿子胡德新:惠,最亲爱的人:你是妇女中的先进者,对于我这次的外出,请不要依恋,要知道你爱人的走,不是故意的抛弃你,而是为着革命,为着独立自由幸福的新中国而努力奋斗的啊!

【正文】这是原新四军五支队司令部秘书胡孟晋,给妻子张惠写下的辞别家书。1936 年,师

2015 年 4 月,胡孟晋烈士长子胡德新(右)念读家书

① 中央电视台《重读抗战家书》专栏文字稿,新闻频道 2015 年 12 月 16 日 8 时 30 分首播。乃之、方田和洽兵、徐波、显飞分系中央电视台、安徽电视台和蚌埠电视台记者。该片获 2015 年度安徽新闻奖(电视类)二等奖。

◇ **媒体传真**

范学校毕业的胡孟晋回到老家安徽舒城办学,与张惠相识后不久成婚。1938年,日本侵略者的铁蹄践踏江淮大地,战争的炮火打乱了这个小家庭平静的生活,26岁的胡孟晋投笔从戎,投身抗日救亡运动,随新四军东进寿县、肥东、全椒,协助汪道涵同志开展统战工作,组织群众抗日。从此,他也和张惠天各一方,只能以书信往来。1941年1月6日,国民党顽固派悍然发动震惊中外的皖南事变,局势骤然紧张,胡孟晋所在的新四军江北部队立即陷入了前所未有的困境,"又要和日本人打,又要和汉奸打,又要和国民党打,随时随地都要准备战斗"。儿子胡德新还记得自己当时在新四军敌后根据地探亲时的经历。

【同期】胡孟晋儿子胡德新:有一次日本鬼子突然来"扫荡",这时候当地的老百姓群众就通知我们,把我们带着一块转移,由于时间来得很急,转移远处又不行,只有跑到当地的水稻田里,蹲在水稻田里藏起来。等到日本鬼子"扫荡"走了以后,群众通知我们一块回来。这件事给我一个印象很深,就是当时的新四军共产党和当地群众关系非常密切,是一种鱼水之情。

【正文】抗战时期,生活异常艰难。妻子张惠在家既要抚养孩子,又要侍奉婆婆,当时的情景可想而知。在信中,胡孟晋也鼓励妻子坚强地渡过难关。

【同期】胡孟晋儿子胡德新:家庭经济之困难,生活之痛苦,我是深知的。要革命成功,须经过困难艰苦的阶段,当此环境中是要立定脚跟,具坚强之意志,任何之外诱,不可动摇的,"国危见忠臣",在困难中锻炼成真正的革命者啊!惠呵,我们要认清时代,当此革命时期,家庭衣食可维持就够了,不要有其他念头。要知道整千整万的难民,千百万的劳苦大众,生活是多么的痛

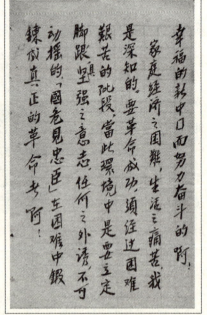

《辞别书》(局部)

136

苦呵!

【正文】国家兴亡,匹夫有责。胡孟晋还鼓励妻子走出家门、宣传抗日,他帮妻子张惠精心草拟了一份《妇女抗敌协会讲演词》,让她动员、鼓励亲友和广大民众勇敢地投身抗战。

【同期】胡孟晋儿子胡德新:要知道,救国是大家的事。日本鬼子来了,大家都受奸掳烧杀之害,夫妻儿女失散,生命财产不保,种种痛苦很多。妇女同胞们,我们要团结起来,将妇抗会组织起来和健全起来,真正的做些抗敌救国的事,一致努力打走日本强盗,以求中华民族的独立和幸福。

【正文】胡孟晋还根据自己从事群众宣传工作积累的经验,细致地在讲演词后附了"讲演注意事项"。

【同期】胡孟晋儿子胡德新:首先要知道会场上各种人或团体,不要怕丑,不要慌,胆子要放大。常说话就好了,说话不要太长,重要的、要紧的说。以上十一点是说个讲演大概,如能将以上都做到,再看人讲演学人家的长处,去自己的短处,多多练习,多多听,大胆地讲,将来可成为演说家了。努力吧,妇女解放的先锋!练习吧,未来的演说家!奋斗吧,革命的女英雄!

【正文】张惠也没有辜负丈夫的期待,在家乡积极投身于"妇女抗敌协会"的组织工作。

【同期】胡孟晋儿子胡德新:我母亲一开始因为是农村妇女,也不大想出来做工作,在我父亲的一再动员下,我母亲就是受影响,以后这方面越做越自如了,走家串户,特别是到妇女当中宣传抗日的道理,在当地当时大家已经很了解她,经常听到她去演讲,经常听到她去动员,妇女要她们动员孩子和丈夫去参军,所以母亲在当地慢慢成为抗日积极分子。

【正文】在胡孟晋留下的一批战地家书中,有一封1944年10月,由胡孟晋为内弟张轼代笔写给家中母亲的。当时,母亲希望外出当兵的张轼能回家操持家务。胡孟晋在信中代内弟婉言拒绝,他写道:"要等待国运好转、民解倒悬的年头。近阅报载:意国已无条件投降了,日军末日想亦可见,胜利时间迫近,不独国家幸运,亦即我家之幸运,惟请大人等不可过急。"

【同期】胡孟晋儿子胡德新:我祖母跟我母亲都讲过这个事,我祖母当时也带点埋怨口气讲,人家出去工作都能给家里许多接济,有的家里还荣华富

2015 年 12 月 16 日中央电视台播出胡孟晋烈士事迹

贵,你爸爸去参加革命工作倒好,还要叫我们家里头支援他,给他寄钱,叫我们把家产变卖去支援他。这个事情当时我不是很理解,后来我才理解,在我们最困难的时期,我父亲是希望家里支持一下革命,我们也认为这是他一心一意为了人民的事业的一种表现,这个对我们影响也很深。

【正文】抗战胜利后,胡孟晋随新四军北撤。在解放战争中,由于战地条件艰苦,缺医少药,不久他的病情恶化。1947 年 7 月 22 日,胡孟晋逝世于河北,年仅 35 岁。

1949 年夏,张惠将丈夫的遗骨运回舒城百神庙舒平村安葬。1985 年,舒城县人民政府为胡孟晋墓立碑,成为爱国主义教育基地。每年清明,当地的青少年学生都到墓前悼念,表达对先烈的崇敬和缅怀之情。

《信·中国》第五期·胡孟晋烈士家书[①]

中央电视台

朱　军：我们来看下面这封信，接下来要说的这封信是丈夫上战场前写的家书。这封信改变了妻子的人生道路，妻子说这封信是她最珍贵的东西。让我们穿越时空。

朱　军：谢谢！谢谢吴京的到来。

吴　京：我连着看了几遍，第一遍觉得，很平淡，第二遍意外，第三遍，意外。

朱　军：两个意外。

吴　京：第四遍还是意外。

朱　军：三个意外，为什么会有这么多的意外呢。

吴　京：第一个意外，首先是内容，我没想到是一封家信，家信会写得跟教科书一样；第二个意外是情感，写给自己爱人，妻子的信应该都是缠缠绵绵的嘛，但是这封信他写的是一种共同成长的一种情感；第三个意外是说，这么一种平实的一种文字表述，可是你在他的信里，看到了非常深厚的感情，那种家国情怀，而又儿女情长，又有侠士义举的那种潇洒，又有对家人的那种放不下的情感。

朱　军：所以说到这我想大家都已经迫不及待的，想了解这封信的内容了，对吗？

观　众：对！

——————————

①　中央电视台综合频道（CCTV1）2018年4月5日20时首播。此为文字稿。

◇ 媒体传真

朱　军：那我们就有请信使，步入读信区，让我们开启信件。

回到1939年，写信人叫胡孟晋，出生于1912年，安徽舒城人。1936年，24岁的胡孟晋从师范学校毕业，回老家办学，认识了21岁的张惠，两个人情投意合，不久便成婚了，而且生下了两个孩子。1938年春，日寇侵华，26岁的胡孟晋毅然决定投笔从戎，奔赴大别山腹地参加新四军。1939年9月，胡孟晋从前线回家探亲，临别前给妻子写下了这样一封信。

吴　京：最亲爱的惠啊，我们又要离别了，当你听了离别的声音，或者不高兴吧。亲爱的，谁不愿骨肉的团聚，谁不留恋家庭的甜蜜，要知道国家民族重要，个人前途重要，因此又要别离亲人，而远赴他乡了。二月来的团聚欢谈、畅言国事、解释问题，你的政治水准提高了，民族意识加强了，革命的阵营中，增加一位健将了。

《辞别书》（局部）

朱　军：胡孟晋在回家探亲的假期中，积极宣传抗日，而且鼓励妻子走出家门，参加抗日工作。

吴　京：畸形发展的中国，教育不普及，人民的知识简单，而妇女尤甚，只要家而不顾国，大难当头，应踊跃赴前线杀敌，而妇女们阻碍了其夫或其子之伟志，希望你将无知识的妇女组织起来宣传和教育她们，使伊等知道"皮之不存，毛何附焉？""国之不存家何在"，使她们不致含泪终日，倚门遥望前线上的夫子早日归来呢。惠，最亲爱的人，你是妇女中的先进者，对于我这次的外出，请不要依恋，要知道你爱人的走，不是故意地抛弃你，而是为着革命，为着独立自由幸福的新中国而努力奋斗的啊！

朱　军：除了这封信，胡孟晋还为妻子精心拟订了一份《妇女抗敌协会讲演词》。为了让妻子的讲演成功，取得最佳的效果，他还根据自己从事群众宣传工作积累起来的经验，细致的在讲演词后，附上了讲演的注意事项。

吴　京:(一)首先要知道会场上各种人或团体,如有工作团,或乡长、保长,其他参加的人等,开口称呼:各位工作团同志,方乡长,各位保长、各位来宾、各位妇女同胞……

(二)说话要明白清楚,要慢点,不要太快,声音不要太高,也不要太小,重要处声音宜高点。一句句的说,不要太急。

(三)目光要注意全场,不要对某一处望。

(四)态度宜和谐,说到乐的地方要表示欢乐,悲的地方要悲,才能感动人。

(五)不要怕丑,不要慌,胆子要放大。常说话就好了。

(六)要一句句的说话式的,不要像背书式的。

(七)说话不要太长,重要的、要紧的说。

(八)听人说的事,可发挥自己意见。

(九)说话时可举例子比喻,可引古语或俗语,或文句故事来说,如说到日本奸掳烧杀事,可说出真事实来……

(十)未讲演之前要先预备材料,先预备一个题目,然后再预备第一段说甚么,第二段说什么,末尾说什么……

(十一)自己练习,初讲时私下多练习,在自己的屋内作会场,屋内东西当作许多人,站立着讲,就如开会时讲一样,多多练习,到正式开会时就能说了。以上十一点是说个讲演大概,如能将以上都做到,再看人讲演,学人家的长处,去自己的短处,多多练习,多多听,大胆的讲,将来可成为演说家了。努力吧,妇女解放的先锋,练习吧,未来的演说家! 奋斗吧,革命的女英雄 ! ……

朱　军:张惠在丈夫的鼓励和帮助下,加入了妇女抗敌协会,用丈夫教的演讲的技巧,呼吁乡亲为抗战有钱出钱,有力出力。一时间,家乡妇女送夫送子上前线成为风尚,张惠也成长为名副其实的抗日救亡的积极分子。

吴　京:家庭经济之困难,生活之痛苦,我是深知的,要革命成功,须经过困难艰苦的阶段,当此环境中是要立定脚跟,具坚强之意志,任何之外诱不可动摇的。"国危见忠臣",在困难中锻炼成真正的革命者啊!

"富贵反多忧",钱是要人用,不是给钱用了人。在此抗战时多少富翁成寒士,由此看来金钱不足恃也。对于穷人要客气,要同情他。对富人要与对普通人一样,对于守财奴,少与之来往,因为他只认钱不认人。这些人不要看起他,但与之面子往来而已。

　　惠啊,我们要认清时代,当此革命时期,家庭衣食可维持就够了,不要有其他念头。要知道整千整万的难民,千百万的劳苦大众,生活是多么的痛苦呵! 人生是要作伟大事业,而不是做了金钱的奴隶呵! 太看金钱重的人是最污脏的,不要与之往来。

2017 年 11 月,胡孟晋烈士长子胡德新在中央电视台接受采访

　　朱　军:胡孟晋对妻子的指导和帮助,不仅仅体现在演讲上,而是在生活的每一个细节中,教导妻子人生观价值观,甚至金钱观。在胡孟晋困难时,张惠变卖了家财,支持丈夫的抗日活动。

　　吴　京:最亲爱的人,你不要太念我,你的厚情我是知道的,我不是个薄情的人,请你放心,决不辜负你的热情呵!

　　在外的我,身体自知珍重,一切当知留心,请你安心在乡努力妇女解放的事业成为女英雄,我在外对革命之伟业亦更加努力呵! 别了! 别了!

　　此致　敬礼　廿八、十一、廿八,群(胡孟晋化名——编者注)于舒百(指舒城县百神庙镇——编者注)。

　　朱　军:1947 年,胡孟晋积劳成疾,在河北故城县病逝,时年 35 岁。一年后,1948 年,与丈夫 7 年未见的张惠,才得知丈夫去世的消息,张惠悲痛欲绝,自作了一个决定,自带干粮千里北上,日夜兼程,用一床棉被将丈夫的遗骸,背回家乡。

胡孟晋在 1938 年至 1945 年间,寄给妻子张惠的信件共有 15 封。2004 年,89 岁的张惠,委托弟弟整理装裱书信,胡孟晋的事迹才被家人知晓。这 15 封书信的包裹上写着:我最珍贵的东西。

2018 年 4 月 5 日清明节晚,蚌埠市新四军历史研究会、市 史志办、市关工委部分新四军老战士和史学工作者集中收看中 央电视台《信·中国》节目

吴　京:太感动了!

朱　军:太感动了,太感动了,真是! 其实,吴京一直是在用右脚支撑着 自己的身体,因为这个左腿受伤了,所以就一直这么支撑着,累不累?

吴　京:还好,拄拐拄习惯了。我印象最深的是,人生是要做伟大事业, 而不是做了金钱的奴隶呵,太看金钱重的人是最污脏的,不要与之往来,这 个话就挺有现实意义。我看过这样一句话,最好的感情不仅是不离不弃,更 是一起成长,夫妻之间要相互扶持共同成长,这才是感情的最坚实的基础, 刚才您介绍说,当胡先生牺牲之后,张太太用一床棉被把他的——

朱　军:遗骸给背回去。

吴　京:背回去! 这个,这个到现在是一个不可思议的事情。我觉得我 跟我太太的感情,也是在一起共同成长之中,无论是事业、人生观、价值观变 化调整之,和感情和家庭随之一起成长而来的,就比如无论是《战狼Ⅰ》《战 狼Ⅱ》。因为您知道,我这个尤其《战狼Ⅱ》,一拍就是 10 个月。

朱　军:10个月!

吴　京:真的,是老婆在家里,承担起了自己的工作,教育孩子,四个年长的父母。但是呢,她又跟我说,在外你不要担心,家里其实没有什么,时常的自己放下工作,也没说自己特别累,带着孩子又去看我,然后看到我开会,也不去打扰我,只是把房间打扫好之后走了。作为一个男人来讲,很幸运有一个这样的太太。

朱　军:不光如此,我觉得她扛起了很多责任,你《战狼Ⅱ》当时在不太好找到投资的时候,几乎连自己的身家全部押在上边,只有他太太一个人跟他慢慢地默默地扛。说了这么多了。今天,我们还请到胡

胡孟晋烈士长子胡德新(中)与朱军(左)、吴京(右)(截屏)

孟晋的儿子,胡德新来。我们掌声有请! 您好!

嘉　宾:我叫胡德新,是胡孟晋的长子,今年81岁。

朱　军:已经81岁高龄了,丝毫看不出来这个。我跟吴京在交流的时候,吴京说到您的母亲,用一床棉被把您父亲的遗骸给背回了故乡。

嘉　宾:对,对,对!

朱　军:说到这的时候,吴京真的很激动。眼含热泪,我们都被这样一种情感所感动。我很想了解一下,您的父亲去世以后,您跟母亲的生活状况。

嘉　宾:我父亲参加革命以后,就是我母亲在家带着我们三个孩子。那时候家庭生活很困难,还加上国民党蒋介石的反动政府对共产党的迫害,所以呢扬言要杀害我们全家,所以我母亲就带着我们三个孩子到处流浪。

朱　军:到处跑?

嘉　宾:到处跑。

朱　军:那刚才我在提到背景的时候提到了,说您的父亲在跟您母亲离别的过程当中,一共写过15封信。

嘉　宾:实际还不止15封信。

朱　军:还不止?

嘉　宾:还不止!

嘉　宾:有一些信没有了,这15封信都是我母亲搞牛皮纸包,那时候没有塑料,用牛皮纸包起来,包了一层又一层,藏到墙缝里。

朱　军:就这么把它留下了。

嘉　宾:这么留下了。

朱　军:我看您今天还带来点——

嘉　宾:我今天带来我父亲这个家书的原件,这个原件。

朱　军:这太珍贵了!

嘉　宾:因为年代已久了,所以我把它已经赠送给我们蚌埠市的档案馆。

朱　军:这是从档案馆借出来的,是吗?

嘉　宾:这是从档案馆借出来的。

朱　军:原件!

吴　京:字真漂亮!

朱　军:字写得真漂亮!毛笔,写的行楷。这太珍贵了,这就是刚才吴京念的那个。

嘉　宾:这就是刚才念的那个!

朱　军:给你妈妈上课那个。

嘉　宾:写的就是这个,对的就是这个。他动员我的母亲,参加抗日宣传,特别是组织广大妇女,动员丈夫和孩子去上抗日前线。

中央电视台制作的图片(截屏)

朱　军:这样一个爱情故事让我们感动,你看丈夫爱自己的太太,是鼓励自己的太太投身革命,动员更多的人,参加到火热的斗争中去。妻子爱自己的丈夫,是用一床棉被将已经故去并且埋葬的丈夫的遗骸,背回故里,让他在故乡安息,还有什么样的情,比这更真更浓呢!

烈士胡孟晋的致妻家书[①]

《解放军报》

胡孟晋烈士，安徽舒城人，20 世纪 30 年代毕业于师范学校，抗战爆发后参加了新四军战地服务团，转战安徽、江苏两地，后又随新四军北撤，1947 年逝世于河北。以下刊发的是胡孟晋 1939 年写给妻子张惠的信。当时，他从前线回乡与妻子短聚，临别时给妻子留下了这封语重心长、情感浓烈的信件。

——解放军报编者

最亲爱的惠呵，我们又要离别了！当你听了离别的声音，或者不高兴吧！

亲爱的！谁不愿骨肉的团聚，谁不留恋家庭的甜蜜，要知道国家民族重要，个人前途重要，因此又要别离亲人，而远赴他乡了。

为了你的寂寞，为了你的思念，千里外的我，暂时停了救国的工作，越津浦跨淮南，到达别离一载的故乡来。二月来的团聚欢谈，畅言国事，解释问题，你的政治水准提高了，民族意

《解放军报》，2005 年 8 月 12 日

① 《解放军报》，2005 年 8 月 12 日。

识加强了，革命的阵营中，增加一位健将了。

畸形发展的中国，教育不普及，人民的知识简单，而妇女尤甚，只要家而不顾国，大难当头，应踊跃赴前线杀敌，而妇女们阻碍其夫或其子之伟志。希望你将无知识的妇女组织起来，宣传和教育她们，使伊等知道"皮之不存，毛何附焉"？"国之不存家何在"？使她们不致含泪终日，倚门遥望前线上的夫、子早日归来呢！（望胜利归来）

惠，最亲爱的人，你是妇女中先进者，对于我这次的外出，请不要依恋，要知道你爱人的走，不是故意的抛弃你，而是为着革命，为着独立自由幸福的新中国而努力奋斗的啊！

家庭经济之困难，生活之痛苦，我是深知的。要革命成功，须经过困难艰苦的阶段，当此环境中是要立定脚跟，具坚强之意志，任何之外诱不可动摇的，"国危见忠臣"，在困难中锻炼成真正的革命者啊！

富贵反多忧，钱是要人用，不要给钱用了人，在此抗战时多少富翁成寒士，由此看来金钱不足恃也。对于穷人要客气，要同情他。对富人也要与对普通人一样，对于守财奴，少与之来往，因为他只认钱，不认人，这些人不要看起他，但与之面子往来而已。

惠呵，我们要认清时代，当此革命时期，家庭衣食可维持就够了，不要有其他念头，要知道整千整万的难民，千百万的劳苦大众，生活是多么的痛苦呵！人生是要作伟大事业，而不是做了金钱的奴隶呵！太看金钱重的人是最污脏的，不要与之往来。

爱人呵，你在无事的时候，多多阅读书报，可使你知识进步，多多想工作的方法，切不要空想，也不要太挂念在外的我，劳神伤身，于事无益。好好教养二个小孩，切忌打骂，处家事，对外人，言语态度等等，可参考我的日记和通信，要切实的

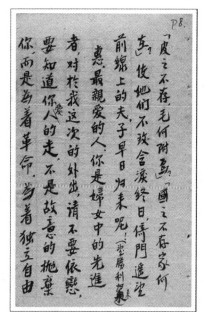

《辞别书》局部

◇ 媒体传真

做,不然我的心思枉费了,请你真正的做吧。否则,太对不起在外的人呢!

　　最亲爱的人,你不要太念我,你的厚情我是知道的,我不是个薄情的人,请你放心,决不辜负你的热情呵!

　　在外的我,身体自知珍重,一切当知留心,请你安心在乡努力妇女解放的事业成为女英雄,我在外对革命之伟业亦更加努力呵!别了,别了!

　　　　此致

　　敬礼

　　解放军报编者注:张惠没有辜负丈夫的期待。据该信的捐赠者——胡孟晋烈士的生前战友、离休干部张轼同志介绍,张惠接信后便投身于家乡的"妇女抗敌协会"的组织工作,在胡孟晋烈士逝世后又将几个孩子抚养成人,91岁高龄的张惠至今健在。

学习抗战家书　坚定理想信念①

《解放军报》

革命英烈的家书是进行理想信念教育最生动、最有说服力的教材,大家经常读一读、想一想——

《解放军报》,2015 年 9 月 17 日

———————————

① 2015 年 9 月 17 日,《解放军报》开设"纪念中国人民抗日战争暨世界反法西斯战争胜利 70 周年"特刊《学习抗战家书　坚定理想信念》,第 5 至第 8 版分别为"爱国情怀""民族气节""英雄气概""必胜信念"专栏,每个专栏刊载 3—5 封抗战家书。

◇ 媒体传真

赵一曼：舍子从容赴国难（略）

彭雪枫：为国牺牲心甘情愿（略）

程雄：愿献头颅保中华（略）

吉鸿昌：光明正大　从容赴死（略）

韩雅兰：为民族解放而奋斗（略）

王雨亭：决不掩没民族意识（略）

白雪樵：祖国危难时　竭我一滴力（略）

符克：誓死不做亡国奴（略）

左权：以进步酬报别后衷情（略）

周平民、周健民：兄弟携手赴国难（略）

王孝慈：驱逐敌寇　抗战到底（略）

钟敬之：国敌家仇铸在心（略）

胡孟晋：望妻进步共抗战

最亲爱的惠呵，亲爱的！谁不愿骨肉的团聚，谁不留恋家庭的甜蜜。要知道国家民族重要，个人前途重要，因此又要别离亲人，而远征他乡了。

家庭经济之困难，生活之痛苦，我是深知的。要革命成功，须经过困难艰苦的阶段，当此环境中是要立定脚跟，具坚强之意志，任何之外诱，不可动摇的，"国危见忠臣"，在困难中锻炼成真正的革命者啊！

《解放军报》刊载的胡孟晋烈士画像

请你安心在乡努力妇女解放的事业，成为女英雄，我在外对革命之伟业亦更加努力呵！别了，别了！

　　此致

敬礼

（民国）廿八、十一、廿八，群于舒百

家书背后: 胡孟晋(1912—1947年),原名永荣,字以行,安徽舒城人。1938年加入中国共产党。1938年底至1939年初,任新四军四支队政治部战地服务团民运队五组组长,随军东进寿县、肥东、全椒,在全椒县城关开展统战工作,组织群众救亡团体。1947年,病逝在工作岗位上。这封信写于1939年,当时胡孟晋从前线回乡与妻子张惠短聚,临别时给妻子留下了这封语重心长的信。

读信有感: 胡孟晋在家书里,期盼妻子成为女英雄,他自己又何尝不是一位真豪杰!"国危见忠臣",这是男儿的血性豪情,这是军人的价值选择。很多人称我为弘扬雷锋精神的时代楷模,扎根新疆40年来,我明白我的手术台就是我的战场。战场之上,每一名军人的内心都有一份大义,为了祖国和人民的利益,即使困难重重,哪怕会牺牲生命也在所不惜。("当代雷锋"、武警新疆总队医院院长　庄仕华)

袁国平:抗战成功再相聚(略)

李楚离:不被任何危难压倒(略)

李云鹏:待凯旋以报父母恩(略)

车耀先:从信仰中汲取力量(略)

黄洛峰:困境面前坚强乐观(略)

◇ **媒体传真**

开栏的话：烽火连三月，家书抵万金。

在动动手指就能发条微信的今天，人们已很难想象，那一封封穿越战火硝烟的家书何其珍贵。信中有亲人的叮咛嘱咐，也有爱人的真情告白；有热血男儿的家国情怀，也有黯然离别的肝肠寸断；有对惨烈沙场的冷静描述，也有对世间和平的真心祈愿。最可贵的是，家书如同一枚平安符——哪怕是村中不识字的父母，收到一封发自战场的家书也会老泪畅流：吾儿尚安！

为纪念中国人民解放军建军90周年，本版特与中国人民大学家书博物馆联合推出专栏，和你一起，重读一封封带着体温、和着心跳、饱蘸深情的"烽火家书"，在收获温情与感动之际，寻找和体味更多深意。

正所谓，小家书，大历史，大文化。这些家书的作者上至高级将领，下至普通士兵、平民百姓，每一篇都渗透着对理想信念的不懈追求，饱含着修身、齐家、礼仪、教化等中国传统文化精华。从某种意义上说，读懂了这些写给最亲近的人的文字，就会从一个侧面帮助我们探寻到人民军队无往不胜、发展壮大的密钥，获得在强军路上不忘初心、继续前进的力量。

一封书信与妻辞别——

国不存，家何在？[①]

《解放军报》 陈宏伟 陈洪佳

这是一封与妻辞别书。1939年11月28日，新四军五支队司令部秘书胡孟晋结束了在家乡安徽舒城的两个月假期，即将返回前线。面对依依不舍的妻子张惠，他

《解放军报》，2017年6月11日报头

---

① 《解放军报》，2017年6月11日。

强忍离别之愁写下书信,不仅尽力劝慰妻子,还积极勉励她不断进步、共同抗日,言之殷殷,情之切切——

"最亲爱的惠啊,我们又要离别了! 当你听了离别的声音,或者不高兴吧!

亲爱的! 谁不愿骨肉的团聚,谁不留恋家庭的甜蜜。要知道国家民族重要,(比)个人前途重要,因此又要别离亲人,而远征他乡了。"

生于 1912 年的胡孟晋自小聪明好学,成绩优异。他以高分考入安徽省立池州(乡村)师范学校(高级师范班),曾任该校校刊编辑。在此期间,经朋友介绍认识了名叫张惠的姑娘。胡孟晋内向细腻、温文尔雅,而张惠则外向大方、为人直爽。互补的性格让二人情投意合,不久成婚,生活甜美。

1936 年,胡孟晋从池州师范毕业回到舒城,在当地办学。不断接触进步思想的他,开始把事业的重心转移到抗日救亡运动上,并于 1938 年春加入了中国共产党,投身新四军。此时,胡孟晋与张惠结婚刚满 4 年,两个孩子尚且年幼。

丈夫要抛家舍业、投笔从戎,一般妇女,不阻拦就已经很不简单了! 而张惠却不是一般人。祖父和父亲都是教书匠,虽然自己没怎么上过学堂,但从小听着史可法、文天祥、岳飞等人的故事长大,耳濡目染懂得了不少道理,也就比同龄女子多了一份强烈的家国情怀。所以,虽有无限难舍与依恋,但对胡孟晋的选择,张惠积极支持。

《解放军报》,2017 年 6 月 11 日

媒体传真

153

1938年底至1939年初，胡孟晋任新四军四支队政治部战地服务团民运队五组组长，随军东进寿县、肥东、全椒，在全椒县城关协助汪道涵同志开展统战工作，组织群众救亡团体，成绩卓著。1939年9月，胡孟晋从千里之外，越津浦跨淮南，回到了别离一载的故乡舒城。在家中，他与妻子畅言国事，团聚欢谈；与儿打闹玩耍，尽享天伦。

美好的时光总是匆匆而过，胡孟晋又要返回前线了。在主题为"辞别"的"与妻书"中，他既时时以"舍小家，顾大家"的道理与妻子共勉，又不免在信中抒发对妻子的牵挂和对家中诸事的关切。

然而，你侬我侬只是这封书信的一抹淡妆。胡孟晋更多的笔墨，用在了鼓励和支持妻子参加妇女抗敌协会的各项工作上。

"畸形发展的中国，教育不普及，人民的知识简单，而妇女尤甚，只要家而不顾国。大难当头，应踊跃赴前线杀敌，而妇女们阻碍其夫或其子之伟志。希望你将无知识的妇女组织起来，宣传和教育她们，使伊等知道'皮之不存，毛何附焉？''国之不存家何在？'使她们不致含泪终日，倚门遥望前线上的夫、子早日归来呢！（望胜利归来）

惠，最亲爱的人，你是妇女中的先进者，对于我这次的外出，请不要依恋，要知道你爱人的走，不是故意的抛弃你，而是为着革命，为着独立自由幸福的新中国而努力奋斗的啊！

家庭经济之困难，生活之痛苦，我是深知的。要革命成功，须经过困难艰苦的阶段，当此环境中是要立定脚跟，具坚强之意志，任何之外诱，不可动摇的，'国危见忠臣'，在困难中锻炼成真正的革命者啊！"

毫无疑问，胡孟晋是一个坚定的革命者和爱国者。在那充满白色恐怖的岁月，他鼓励爱妻积极从事抗日爱国活动，更加令人敬佩。其实，与这封辞别书一起留下的，还有胡孟晋为张惠草拟的一份《妇女抗敌协会讲演词》。为了让妻子的讲演达到最佳效果，他还细致地在讲演词后附了11个"讲演注意事项"。

"努力吧，妇女解放的先锋！练习吧，未来的演说家！奋斗吧，革命的女英雄！"在"演讲注意事项"的末尾，胡孟晋充满赞美、无限深情地给予妻子鼓励："天下无难事，只要专心耳。不怕困难，不怕失败，不怕苦，升天下地皆可以!"而张惠没有辜负丈夫的期待,逐渐成长为当地"妇女抗敌协会"的主要力量。

抗战胜利,"双十协定"后,新四军第七师奉命北撤。胡孟晋随军去苏北,先后任苏皖边区政府民政厅干部科科长、中共边区政府直属机关党总支书记。其时,他已身患重病,仍坚持工作。1946年八九月间,国民党军重点进攻解放区,华中分局和边区政府后方机关北撤山东。胡孟晋随队北移,后又北渡黄河,驻冀南故城,直到1947年夏逝世。

不久,张惠决定北上将丈夫的遗骸带回家乡。经舒城县人民政府函请河北故城县同意,她仅用一床棉被,千里迢迢将胡孟晋接回,全县无不敬佩称奇。自此,胡孟晋被安葬于故乡舒城钟家畈,并立碑纪念。

◇
媒体传真

半月谈内部版编者按："烽火连三月,家书抵万金"——走进"抢救民间家书"组委会办公室,翻开工作人员精心征集的一封封纸张发黄、字句发烫的抗战家书,那一刻涌上记者心头的感慨,便是这两行每一个普通中国人都耳熟能详的诗句。回望历史,在那外敌入侵、邮路困顿的抗战岁月里,一封通亲情、报平安的家书对一个家庭是何其重要!家书又是不会说谎的历史文件,这些写于60多年前的普通家书,记载了一个个中国家庭在抗战期间所经历的苦难和奋争,它们以相互的笔触,勾勒出亲情背后的大时代,重现了其他载体无法传达的历史场景。今年是抗战胜利60周年,半月谈杂志首次发表这些出自普通中国人之手的抗战家书,以期使我们从中反思战争的罪恶,领悟和平的可贵,理性看待友好睦邻背景下的现代中日关系,携手开创更美好的未来。

抗战家书:穿越血与火的回忆①

《半月谈内部版》 王新亚

"乱世做人,简直不是人":一个小学教员的悲愤呼喊(略)

"读书仍为重要":生生不息的民族传统(略)

"为了保护我们的家庭":两个战士的心声

在阴云密布的抗战岁月里,中国共产党领导的八路军、新四军是中华民族的中流砥柱。这里有两封来自抗日战士的信,便一扫战争的阴霾,充满了革命者对胜利充满信心的豪情和乐于奉献自我的情怀。他们在家书中不但对亲人表示了由衷的关心,也通过自己的书写让亲人受到胜利的鼓舞。也

---

① 《半月谈内部版》,2005年第7期。作者系《半月谈》记者。

许,这便是我们能够持续八年抗战、最终迎来胜利的力量之源吧!

有一封纸张发黄、信封破损的抗战家书,据它的拥有者、浙江的民间收藏爱好者周立峰多方考证,它的作者是一个江西籍的红军战士,经长征后到达陕北。而信写于 1937 年 4 月 30 日,抗战还没有全面爆发,红军尚未改编为八路军,但西安事变已经发生,第二次国共合作已经达成,因此信中提到了"国共合作"。这封普通红军战士写给江西老家的信流落民间,被周立峰在一次拍卖会上取得,其作者下落已不可考。从行文上看,作者文化水平不甚高,文法上有多处不通顺的地方(括号内注释为记者所加),但谈到抗日的情况时却流利而铿锵:

父母亲大人膝下:

敬禀堂前万福金安!进(近)来身体是健康,饮食增加不? ……(此处笔迹不清)想必家中合家平安,同家安乐,但是我离家已(以)后已有(许)久了,自从反攻以来未曾与家通信,我想家中就(像)是忘了我一样。自我反攻以(已)到达陕西栒(旬)邑县太峪镇驻房(防),衣食住行是很平安,请你在家不要挂念。

但是自三原与家通信一次,也未曾(知)家内接到了(没有)?现在也未见回音来,可不知家内怎么样?自我现在的国家,不过说在外便为了国家的事情。我在外,大家都是为着抗日的,为了保护我们的家庭,为着自己的来做事!不过现在说起到达北方,使用国共合作、释放一切政治犯,联合许多了(的)抗日友军,国家已经和平。但是我家(有)没有什么问题?假是(使)家内接到我信,很快的与(于)家来信,不要迟慢,免得我在外挂念。来信到第一方(面)军第一军第四师十二团第三连。工作是很快乐的!

金安!

儿

钟士灯启　阳历四月卅日

与红军战士钟士灯于军旅生活中匆匆挥就的朴素文笔相比,新四军战士胡孟晋离开故乡时给妻子写的信就显得格外生动活泼、深思熟虑。胡孟晋,安徽舒城人,自幼勤学,成绩优异,20 世纪 30 年代从师范学校毕业后一直在家乡推行白话文教育,抗战爆发后参加了新四军战地服务团,从此投身抗战,转战于安徽、江苏之间,后又随新四军北撤,1947年在河北逝世。这封信写于1939年,当时胡孟晋从前线回乡和妻子张惠团聚,临别时给妻子留下了这封精心撰写、语重心长的信,信中对妻子作为革命伴侣的思想进步寄予了很大的期望,当然也不乏夫妻间炽热的爱,这从该信抬头上点缀的"恋"字就可见一斑:

最亲爱的惠呵,我们又要离别了!当你听了离别的声音,或者不高兴吧!

亲爱的!谁不愿骨肉的团聚,谁不留恋家庭的甜蜜,要知道国家民族重要,个人前途重要,因此又要别离亲人,而远赴他乡了。

为了你的寂寞,为了你的思念,千里外的我,暂时停了救国的工作,越津浦跨淮南,到达别离一载的故乡来。二月来的团聚欢谈,畅言国事,解释问题,你的政治水准提高了,民族意识加强了,革命的阵营中,增加一位健将了。

《半月谈内部版》,2005年第7期封面

畸形发展的中国,教育不普及,人民的知识简单,而妇女尤甚,只要家而不顾国。大难当头,应踊跃赴前线杀敌,而妇女们阻碍其夫或其子之伟志。希望你将无知识的妇女组织起来,宣传和教育她们,使伊等知道"皮之不存,毛何附焉?""国之不存家何在?"使她们不致含泪终日,倚门遥望前线上的夫、子早日归来呢!(望胜利归来)

惠,最亲爱的人,你是妇女中先进者,对于我这次的外出,请不要依恋,要知道你爱人的走,不是故意的抛弃你,而是为着革命,为着独立自由幸福的新中国而努力奋斗的啊!

家庭经济之困难,生活之痛苦,我是深知的。要革命成功,须经过困难艰苦的阶段,当此环境中是要立定脚跟,具坚强之意志,任何之外诱不可动摇的,"国危见忠臣",在困难中锻炼成真正的革命者啊!

富贵反多忧,钱是要人用,不要给钱用了人,在此抗战时,多少富翁成寒士,由此看来金钱不足恃也。对于穷人要客气,要同情他。对富人也要与对普通人一样,对于守财奴,少与之来往,因为他只认钱,不认人,这些人不要看起他,但与之面子往来而已。

惠呵,我们要认清时代,当此革命时期,家庭衣食可维持就够了,不要有其他念头,要知道整千整万的难民,千百万的劳苦大众,生活是多么的痛苦呵!人生是要作伟大事业,而不是做了金钱的奴隶呵!太看金钱重的人是最污脏的,不要与之往来。

爱人呵,你在无事的时候,多多阅读书报,可使你知识进步,多多想工作的方法,切不要空想,也不要太挂念在外的我,劳神伤身,于事无益。好好教养二个小孩,切忌打骂。处家事,对外人,言语态度等等,可参考我的日记和通信,要切实的做,不然我的心思枉费了。请你真正的做吧。否则,太对不起在外的人呢!

最亲爱的人,你不要太念我,你的厚情我是知道的,我不是个薄情的人,请你放心,决不辜负你的热情呵!

在外的我,身体自知珍重,一切当知留心,请你安心在乡努力妇女解放的事业成为女英雄,我在外对革命之伟业必更加努力呵!别了,别了!

此致

敬礼

(民国)廿八、十一、廿八,群于舒百

而这位张惠女士果然没有辜负丈夫的期待。据这封信的捐赠者——胡孟晋烈士的生前战友、82岁的离休干部张轼同志向记者介绍,张惠随后便在家乡投身于"妇女抗敌协会"的组织工作,在胡孟晋烈士逝世后又抚养几个孩子长大成材,至今仍以91岁的高龄健在。

国之不存家何在？[①]

——新四军烈士胡孟晋家书背后的故事(一)

《中国经济时报》 陈宏伟

2005年6月30日，记者打电话到张轶家。

从电话中听起来，今年82岁的新四军老战士张轶精神很好，口齿清楚、声音洪亮、思维敏捷，回忆起60多年前的往事，也是条分缕析，不爽丝毫。

谈起自己的姐夫——新四军烈士胡孟晋，张轶更是滔滔不绝，如数家珍。

记者正是间接地从张轶手里得到胡孟晋烈士的几封家书的内容的。

2004年11月，现居安徽安庆的张轶夫妇专程到蚌埠看望九十高龄的大姐张惠(胡孟晋的妻子)，相聚几日，大家交谈甚欢，临别之际，张惠郑重地交给张轶一个小包裹，里面是一批出自胡孟晋烈士之手的书信，其中绝大多数写于抗战年代。历经60多年岁月侵蚀，这些书信不少已经残破。

回家后，张轶将烈士家书一封封精心整理，小心裱托，逐字抄录，仔细品

《中国经济时报》，2005年7月6日

---

① 《中国经济时报》，2005年7月6日。作者系该报记者。

味,重温了与姐夫、战友胡孟晋共同度过的那段战争岁月。

1939年11月28日,转战于津浦线的胡孟晋,结束了在家乡舒城的两个月假期,即将返回前线。

面对与他依依不舍的妻子张惠,胡孟晋强忍离别之伤痛,尽力勉慰妻子,写了一封辞别书。

最亲爱的惠呵,我们又要离别了!当你听了离别的声音,或者不高兴吧!

亲爱的!谁不愿骨肉的团聚,谁不留恋家庭的甜蜜,要知道国家民族重要,个人前途重要,因此又要别离亲人,而远征他乡了。

为了你的寂寞,为了你的思念,千里外的我,暂时停了救国的工作,越津浦跨淮南,到达离别一载的故乡来。二月来的团聚欢谈,畅言国事,解释问题,你的政治水准提高了,民族意识加强了,革命的阵营中,增加一位健将了。

畸形发展的中国,教育不普及,人民的知识简单,而妇女尤甚,只要家而不顾国。大难当头,应踊跃赴前线杀敌,而妇女们阻碍其夫或其子之伟志。希望你将无知识的妇女组织起来,宣传和教育她们,使伊等知道"皮之不存,毛何附焉?""国之不存家何在?"使她们不致含泪终日,倚门遥望前线上的夫、子早日归来呢!(望胜利归来)

惠,最亲爱的人,你是妇女中的先进者,对于我这次的外出,请不要依恋,要知道你爱人的走,不是故意的抛弃你,而是为着革命,为着独立自由幸福的新中国而努力奋斗的啊!

家庭经济之困难,生活之痛苦,我是深知的。要革命成功,须经过困难艰苦的阶段,当此环境中是要立定脚跟,具坚强之意志,任何之外诱,不可动摇的,"国危见忠臣",在困难中锻炼成真正的革命者啊!

"富贵反多忧",钱是要人用,不要给钱用了人。在此抗战时,多少富翁成寒士,由此看来,金钱不足恃也。对于穷人要客气,要同情他。对富人也要与对普通人一样,对于守财奴,少与之来往,因为他只认钱,不认人,这些人不要看起他,但与之面子往来而已。

惠呵,我们要认清时代,当此革命时期,家庭衣食可维持就够了,不要有其他念头,要知道整千整万的难民,千百万的劳苦大众,生活是多么的痛苦呵!人生是要作伟大事业,而不是做了金钱的奴隶呵!太看金钱重的人是最污脏的,不要与之往来。

爱人呵,你在无事的时候,多多阅读书报,可使你知识进步,多多想工作的方法,切不要空想,也不要太挂念在外的我,劳神伤身,于事无益。好好教养二个小孩,切忌打骂。处家事,对外人,言语态度等等,可参考我的日记和通信,要切实的做,不然我的心思枉费了。请你真正的做吧。否则,太对不起在外的人呢!

最亲爱的人,你不要太念我,你的厚情,我是知道的,我不是个薄情的人,请你放心,决不辜负你的热情呵!

在外的我,身体自知珍重,一切当知留心,请你安心在乡努力妇女解放的事业成为女英雄,我在外对革命之伟业亦更加努力呵!别了,别了!

　　此致

敬礼

　　　　　　　　　　(民国)廿八、十一、廿八,群于舒百

"我姐姐是个深明大义的人,和大多数别的妇女不一样。"张轼对《中国经济时报》记者说。

张轼的祖父和父亲都曾教过书,父亲做过小学校长,并在广东汕头的《岭东日报》做过记者、编辑。张惠虽然没读过书,但也跟着祖父和父亲学了一些文化,更重要的是,相对同龄女子,张惠具有更强烈的国家意识,她从小就知道史可法、文天祥、岳飞等人的故事。因此,1938 年春,胡孟晋参加新四军时,张惠是积极支持的。据张轼说,这在当地并不多见。"一般妇女,不阻拦丈夫、儿子参军就已经很不简单了!"

正因为如此,胡孟晋对妻子寄予了更高的期望,他通过平日通信,和难得而短暂的相聚时光,积极鼓励和支持妻子参加妇女抗敌协会的各项工作。

应当是在写上面这封《辞别书》前几天,胡孟晋在家里精心为妻子张惠草拟了一份《妇女抗敌协会讲演词》。

各位保长先生,各位来宾,各位妇女同胞!

今天是某保妇抗会成立的一天,此会在各位保长先生领导之下,在各位来宾帮助之下,和各位女同胞努力下,将来定有光明的前途。本人的知识很简陋,没有很好的话向各位谈谈,请大家原谅!

现在我来谈谈这次中日大战中我们妇女同胞有没有负起抗敌救国的责任。

《中国经济时报》,2005 年 7 月 6 日

这次中日大战,是中华民族生死存亡的关头,中国要是打败了,马上就亡国,我们都是亡国奴了,亡国奴的生活痛苦得很,一时也说不完。中国要打胜了,就是个强盛的国家,将来没有外国敢欺侮了。我们要中国打胜仗,必须全中国四万万同胞,都团结起来,同心合力的去打日本鬼了,才能把鬼子赶出中国。但是我们看看,前线英勇杀敌的将士,大多是男同胞,我们妇女同胞参加救国工作很少,尤其我们乡村妇女同胞不但不上前线救国,而且阻碍他(她)的丈夫或是儿子去参加救国工作,这样是减少了抗战的力量,而无形中是帮助了日本。夫妻儿女团聚虽好,要知道救国是大家的事。日本鬼子来了,大家都受奸掳毁杀之害,夫妻儿女失散,生命财产不保,种种痛苦很多。外国的妇女与中国就不同,当国难的时候,送自己的丈夫或是亲生的儿子上前线,并且说:"不打胜仗,不要回。"

妇女同胞们,我们也要学学外国女子的长处,虽不能直接上前线救国,我们在后方可以鼓励能上前方救国的人,或做有益国家的事,才不辜负我们妇女对国家的责任。

妇女同胞们,我们要团结起来,将妇抗会组织起来和健全起来,真正的做些抗敌救国的事,一致努力打走日本强盗,以求中华民族的独立和幸福。

本人的知识很差,瞎说了几句,请大家原谅。

为了让妻子的讲演达到最佳效果,胡孟晋还细致地在讲演词后附了"讲

◇ 媒体传真

163

演注意事项"。

1938 年参军之初,胡孟晋在新四军四支队政治部战地服务团从事民运工作,奔走于舒城、无为、合肥、六安之间,宣传共产党的抗日主张。1938 年底至 1939 年初,他任服务团民运队五组组长,随军东进寿县、肥东、全椒,在全椒县城关协助汪道涵同志开展统战工作,组织群众救亡团体,成绩卓著。

1939 年 7 月,新四军五支队成立时,他调任司令部秘书,随司令罗炳辉、政委郭树声(述申)转战淮南津浦路一带。

至写《妇女抗敌协会讲演词》时,胡孟晋已经积累了大量的宣传工作经验,所以他告诉妻子的讲演注意事项,也可以看成是他本人宣传抗日救亡运动多年经验的一个小结,甚至可以看成是新四军宣传工作的经验小结。

"这些讲演注意事项就是放在今天,读来也具有启发意义。"张轼说。

讲演注意事项

(一)首先要知道会场上各种人或团体,如有工作团,或乡长、保长,其他参加的人等,开口称呼:各位工作团同志,方乡长,各位保长,各位来宾,各位妇女同胞……

注:各位、诸位,是指二个以上,多数人之称,只有一个乡长或一个保长,只能称某乡长,某保长。

(二)说话要明白清楚,要慢点,不要太快。声音不要太高,也不要太小,重要处声音宜高点。一句句的说,不要太急。

(三)目光要注意全场,不要对某一处望。

(四)态度宜和蔼,说到乐的地方要表示快乐,悲的地方要悲,才能感动人。

(五)不要怕丑,不要慌,胆子要放大。常说话就好了。

(六)要一句句的说话式的,不要像背书式的。

(七)说话不要太长,重要的、要紧的说。

(八)听人说的事,可以发挥自己意见。

(九)说话时可举例子比譬,可引古语或俗语,或文句故事来说。

如说到日本奸掳烧杀事,可说出真事实来。

又如说:"八十岁老妈砍黄稿……"送丈夫从军。

又如"木兰从军"故事等。

凡事与讲演时有关系的事或文句或古语均可引出。

(十)未讲演之前要先预备材料,先预备一个题目,然后再预备第一段说甚么,第二段说甚么,末尾说什么。例如讲:日本为甚么侵略中国,然后就预备材料:

第一段说:日本是帝国主义,必须向外侵略……

第二段:中国是物产丰富,又是个弱国……

……

末尾段:中国四万万人团结起来,武装起来打日本……

(十一)自己练习:初讲时私下多练习,在自己的屋内作会场,屋内东西当作许多人,站立着讲,就如开会时讲一样,多多练习,到正式开会时就能说了。

以上十一点是说个讲演大概,如能将以上都做到,再看人讲演学人家的长处,去自己的短处,多多练习,多多听,大胆的讲,将来可成为演说家了。

努力吧,妇女解放的先锋!

练习吧,未来的演说家!

奋斗吧,革命的女英雄!

天下无难事,只要专心耳。不怕困难,不怕失败,不怕苦,升天下地皆可以!

一九三九、十一、廿四日,群于舒百

铁汉亦有柔情时^①

——新四军烈士胡孟晋家书背后的故事(二)

《中国经济时报》 陈宏伟

"胡孟晋是侠骨柔肠!"张轶在整理胡孟晋的家书时,对此感叹不已。

从胡孟晋给妻子张惠的其他家书的内容,不难得出与张轶一样的判断。这些信中随处可见柔情蜜语,其对妻子之浓情关怀,对家中生计之操心,无不溢于言表。

胡孟晋生于 1912 年,逝于 1947 年。原籍安徽庐江,后移居舒城百神庙钟家坂胡村。他自幼丧父,与其兄胡永林随母亲钟氏移居舅家,租种土地维持生活。

始建于 1929 年的舒城中学南楼

---

① 《中国经济时报》,2005 年 7 月 6 日。作者系该报记者。该文已收入《红色家书》(民间家书第二辑,中国画报出版社 2006 年版),收入本书时文字略有改动。

胡孟晋 8 岁入小学,12 岁考入舒城县立桃溪高级小学,在校期间学习勤奋,成绩优异。毕业后入舒城中学读书,后又高分考入安徽省立池州(乡村)师范学校(高级师范班),曾任该校校刊编辑。1936 年毕业回舒城,在当地办学,推行陶行知先生教育思想,倡导白话文。

胡孟晋在池州师范时,经朋友介绍,认识了张惠,双方情投意合,不久成婚。婚后生活甜美,胡的性格内向、细腻,温文尔雅,张惠的性格外向、大度,为人直爽,恰恰与胡性格互补。二人感情甚笃。

1938 年胡孟晋抛妻别子,投笔从戎时,结婚大约 4 年,夫妻离散,自是备感无奈和依恋。随后,胡在写给妻子的信中,既时时以"舍小家,顾大家"之道理与妻子共勉,又不免在信中抒发对妻子的思念和对家中的关切。

从胡孟晋信中对张惠的称呼能最直观地想见他对妻子的爱,"亲爱的惠妹""惠,我最亲爱的妹妹""最亲爱的人儿""亲爱的惠"……

张惠的生日是农历正月初一,在一封信中,胡孟晋写道:"谈起过年,我又想起正月初一是新年,而又是我的爱人的生日,千里外的我,没有甚么礼物送给你,更不能亲来拜年,实在是对不起我的爱妹。但是没有办法,只好写这封信寄来,一方面敬贺你新年快乐,身体健康,再方面祝你寿如南山,福比东海! 爱人儿,你要快乐吧!"

信中,胡孟晋如此表达他对妻子的思念之情:"亲爱的人,我无时无刻不在记念你,看见她们我就想起了你,晚上睡时看见被条我又想起你,想起你替我洗被、缝被,并且送给我的花红被,夜夜同我作伴,温暖的不使我寒冷,虽然我两不在一起,抱暖温之被而睡,亦可自乐了……看看脚上穿的鞋又想起你替我做鞋的情形,一针一线的缝,有时不讲情的针还要刺痛我爱人的手指,甚至于流滴鲜血,有时不讲交情的线故意的折断,来阻止你替你的爱人做鞋……"

表达思念的同时,胡孟晋也通过家信安慰自己的妻子,与妻子一起向往团聚的幸福生活:

"你的玉音收到,快乐异常,饭也多吃些,做起事来也有精神了,你真是我的精神上唯一的安慰者。我最亲爱的人,什么时候都记得你,你的一切令人爱之不忘呵! 就是睡着了,也是与你在一起,享天伦之乐呢! 虽然身在两地,别有一番相(想)念,但会面良辰并不远,光明已现曙光,快乐即在前面。亲爱的,待我俩握手言欢吧!最亲爱的,请你不要等得发急了呵,路是越走越近了,事是越做越好的,快乐幸福的日子,很快的到临了。看吧!太阳在东山向人们喜洋洋的招手了,我们快乐享受,陶醉它的怀抱吧!"

事实上,这些日子,无论在外的胡孟晋,还是在家的张惠,都过着异常清贫的生活。

据张轼介绍,胡孟晋原来在小学教书,工资就不高,每月大约有两三块钱。参军初期,正值国共合作,按说,新四军的军饷由国民党提供,其中江北新四军的供给由广西军李宗仁部负责。"李宗仁本人对共产党友好,可是他的下级军官不行,尤其是当时的安徽省主席李品仙,根本不给我们发饷!"张轼说。

"1938年,国民党还给我们发军服,1939年左右就不发了,皖南事变后,则是见我们就打、就杀!"张轼说,"后来我们只能建立自己的根据地,自谋生路。当新四军基本上能有饭吃,有衣服穿,一年一套棉衣,两套单衣,一双袜子,一支牙刷。牙膏是买不起的,就用牙粉,或者向老乡要点盐刷牙。如果司务长会精打细算,从饭钱中省下一点,每个月能发点'伙食尾',三五毛钱的,那司务长就成英雄了!"

《中国经济时报》,2005年7月6日

张惠的境况也不比胡孟晋好到哪里去。张轶介绍说，当时张惠在家带着两个孩子(第三个孩子尚未出生)和婆婆过活，租种的四五亩地是全家唯一的经济来源。地租很重，收一石粮食，要缴给地主四到五斗。加上国统区苛捐杂税名目繁多，什么壮丁费、户口费、田亩费，起个名字都要钱。

在家信中，胡孟晋曾嘱咐妻子写信要两面写，字要写小点，"写信不要太费纸，写坏了不要紧，不要再换纸写，一方面浪费纸，一方面费时间。"

由此可见当时胡孟晋家的经济状况了。

信中，胡孟晋还写道：

"乡里捐费重，可与保甲长谈，不能以田地来出费，常年费不能太重，可与之好好说，……明春吃粮不够，可向道衡先生借点，或许不要生利，门口的他们太坏，借点米还要利，什么亲戚，外人也不如……"

胡孟晋鼓励妻子在困难面前打起精神，好好过年："当你接到这封信时，也许是忙着过旧年了，你不要因为你的爱人不在家，而你不忙着过年，亲爱的人，请你振起精神来忙年吧！过年时，多办点菜物、糖果等，不然，小孩子们是真苦了！……你同小孩们也应穿花花的，很快乐的过年吧！不要因我不在家而你们也不过年了。亲爱的，来日方长，将来过年的时候多着呢！何况不在家过年的人很多呢，谁没有家室，谁没有爱妻呢！"

除了应付日常工作和家里的经济困难，胡孟晋与他的战友们一样，还面临着更为严酷的问题，就是皖南事变。

1941年1月4日，皖南新四军军部直属部队等9000余人，在叶挺、项英率领下北移。1月6日，当部队到达皖南泾县茂林地区时，遭到国民党7个师约8万人的突然袭击。新四军英勇抗击，激战7昼夜，终因众寡悬殊，弹尽粮绝，除2000余人分散突围外，少数被俘，大部牺牲。军长叶挺被俘，副军长项英、参谋长周子昆突围后遇难，政治部主任袁国平牺牲。这就是震惊中外的皖南事变。

事变发生后，蒋介石于1941年1月17日发布命令，宣布新四军为"叛军"，取消新四军番号，下令进攻新四军江北部队。

此后，地处江北的胡孟晋和张轶立即陷入了前所未有的困境，"又要和日本人打，又要和汉奸打，又要和国民党打，随时随地都要准备战斗。"张轼说。

胡孟晋和张轼的家乡均在国统区,事变之后,他们的家属也承受了巨大的压力。"国民党保甲长三天两头找张惠,要她把胡孟晋找回来,参加国军。张惠只能东躲西藏,与那些人周旋。见到保甲长从前门来了,就从后门逃走。"

这期间,胡孟晋与张惠及其他亲友之间通信均采用化名,下面这封信是胡孟晋当时写给亲友查问家属情况的信。

桃园先生鉴:

前次上二信不知收到否?

至今未见回信,我家亦没有回信,不知是何原因,是邮路之误,还是有不测之事呢?请先生通知我家速写信来,即有不测之事,亦请先生告知我为盼!

回信地点:无为县严家桥。

诸亲友请代问安。

敬祝

春安

昶君

1944 年,张轼的大哥病故,加上新四军家属面临的巨大压力,张轼的母亲在不得已情况下,想将张轼找回家。但她无法与张轼联系,于是托张惠给胡孟晋写信,要胡孟晋转告张轼,见信后立即回家。

胡孟晋接信后,并没有找张轼,而是直接以张轼的名义给张母回了一封信,告诉老人:若儿回家"要等待国运好转,民解倒悬的年头"。并安慰她,这个愿望的实现已为期不远了,因为"近阅报载,意(大利)国已无条件投降,日军末日想亦可见。胜利时间迫近,不独国家幸运,惟请大人等不可过急。"

胡孟晋也一直没有将此事告知张轼。张轼是 2004 年才从张惠口中得知此事的,"这信写得好,我知道也会这么写的。"张轼说。

与妻辞别书①

《家书抵万金》编委会

1939 年 11 月 28 日,新四军五支队司令部秘书胡孟晋,结束了在家乡舒城的两个月假期,即将返回前线。面对依依不舍的妻子张惠,他强忍离别之伤痛,写了一封辞别书:"……亲爱的,谁不愿骨肉的团聚,谁不留恋家庭的甜蜜……"

2004 年 11 月,81 岁的新四军老战士张轼夫妇专程到蚌埠看望 90 高龄的大姐张惠,相聚几日,人家交谈甚欢。临别之际,大姐郑重地交给张轼一个小小的包裹,里面是一批已经残破的书信,其中绝大多数写于 60 多年前的抗战时期。这批书信的作者是张轼的姐夫、战友胡孟晋烈士。

回家后,张轼将烈士家书一封封精心整理,小心裱托,逐字抄录,仔细品味,重温了与胡孟晋烈士共同度过的那段战争岁月。

胡孟晋,原名永荣,生于 1912 年,卒于 1947 年。原籍安徽庐江,后移居舒城百神庙钟家坂胡村。他自幼丧父,与其兄胡永林随母亲钟氏移居舅舅家,靠租种别人的土地维持生活。

胡孟晋 8 岁入小学,12 岁考入舒城县立桃溪高级小学,在校期间学习勤奋,成绩优异。毕业后入舒城中学读书,后又高分考入安徽省立池州(乡村)师范学校(高级师范班),曾任该校校刊编辑。1936 年毕业回舒城,在当地办学,推行陶行知先生的教育思想,倡导白话文。胡孟晋在池州师范时,经朋友介绍,认识了张惠,双方情投意合,不久成婚,婚后生活甜美。胡的性格,

◇ 媒体传真

---

① 《家书抵万金》(民间家书第一辑),新华出版社 2006 年版,第 51—60 页。

内向细腻,温文尔雅,而张惠的性格外向大度,为人直爽,恰恰与胡性格互补,二人感情甚笃。

1938年春,积极从事抗日救亡运动的胡孟晋加入了中国共产党。1938年底至1939年初,他任新四军四支队政治部战地服务团民运队五组组长,随军东进寿县、肥东、全椒,在全椒县城关协助汪道涵同志开展统战工作,组织群众救亡团体,成绩卓著。

1939年7月,新四军五支队成立时,他调任司令部秘书,随司令罗炳辉、政委郭树声(述申)转战淮南津浦路一带。

11月28日,胡孟晋结束了在家乡舒城的两个月假期,即将返回前线。面对依依不舍的妻子张惠,他强忍离别之伤痛,尽力勉慰妻子,写了一封辞别书。

最亲爱的惠呵,我们又要离别了!当你听了离别的声音,或者不高兴吧!

亲爱的!谁不愿骨肉的团聚,谁不留恋家庭的甜蜜。要知道国家民族重要,个人前途重要,因此又要别离亲人,而远征他乡了。

为了你的寂寞,为了你的思念,千里外的我,暂时停了救国的工作,越津浦跨淮南,到达别离一载的故乡来。二月来的团聚欢谈,畅言国事,解释问题,你的政治水准提高了,民族意识加强了,革命的阵营中,增加一位健将了。

畸形发展的中国,教育不普及,人民的知识简单,而妇女尤甚,只要家而不顾国。大难当头,应踊跃赴前线杀敌,而妇女们阻碍其夫或其子之伟志。希望你将无知识的妇女组织起来,宣传和教育她们,使伊等知道"皮之不存,毛何附焉?""国之不存家何在?"使她们不致含泪终日,倚门遥望前线上的夫、子早日归来呢!(望胜利归来)

惠,最亲爱的人,你是妇女中的先进者,对于我这次的外出,请不要依恋,要知道你爱人的走,不是故意的抛弃你,而是为着革命,为着独立自由幸福的新中国而努力奋斗的啊!

家庭经济之困难,生活之痛苦,我是深知的。要革命成功,须经过困难艰苦的阶段,当此环境中是要立定脚跟,具坚强之意志,任何之外诱,不可动摇的,"国危见忠臣",在困难中锻炼成真正的革命者啊!

"富贵反多忧",钱是要人用,不要给钱用了人。在此抗战时,多少富翁成寒士,由此看来,金钱不足恃也。对于穷人要客气,要同情他;对富人也要与对普通人一样;对于守财奴,少与之来往,因为他只认钱,不认人,这些人不要看起他,但与之面子往来而已。

惠呵,我们要认清时代,当此革命时期,家庭衣食可维持就够了,不要有其他念头。要知道整千整万的难民,千百万的劳苦大众,生活是多么的痛苦呵!人生是要作伟大事业,而不是做了金钱的奴隶呵!太看金钱重的人是最污脏的,不要与之往来。

爱人呵,你在无事的时候,多多阅读书报,可使你知识进步,多多想工作的方法,切不要空想,也不要太挂念在外的我,劳神伤身,于事无益。好好教养二个小孩,切忌打骂。处家事,对外人,言语态度等事,可参考我的日记和通信,要切实的做,不然我的心思枉费了。请你真正的做吧,否则,太对不起在外的人呢!

最亲爱的人,你不要太念我,你的厚情我是知道的,我不是个薄情的人,请你放心,决不辜负你的热情呵!

在外的我,身体自知珍重,一切当知留心,请你安心在乡努力妇女解放的事业成为女英雄,我在外对革命之伟业亦更加努力呵!别了,别了!

　　此致

敬礼

(民国)廿八、十一、廿八,群于舒百

1938年春,胡孟晋抛妻别子,投笔从戎时,结婚才4年左右,夫妻离散,自是倍感无奈和依恋。随后,胡在写给妻子的信中,既时时以"舍小家,顾大家"的道理与妻子共勉,又不免在信中抒发对妻子和家中的关切。从这封《辞别书》可以看出,两个人的感情是相当亲密的。

"我姐姐是个深明大义的人,和大多数别的妇女不一样。"张轼对笔者说。

张轼的祖父和父亲都曾教过书,父亲做过小学校长,并在广东汕头的《岭东日报》做过记者、编辑。张惠虽然没读过书,但也跟着祖父和父亲学了一些文化，更重要的是，相对同龄女子，张惠具有更强烈的国家意识，她从小就知道史可法、文天祥、岳飞等人的故事。因此，胡孟晋参加新四军时，张惠是积极支持的。张轼说，这在当地并不多见，"一般妇女，不阻拦丈夫、儿子参军就已经很不简单了！"

正因为如此，胡孟晋对妻子寄予了更高的期望，他通过平日通信和难得而短暂的相聚时光，积极鼓励、支持妻子参加妇女抗敌协会的各项工作。

大约是在写上面这封《辞别书》的前几天，胡孟晋在家里精心为妻子张惠草拟了一份《妇女抗敌协会讲演词》。

妇女抗敌协会讲演词

各位保长先生！各位来宾！各位妇女同胞！

今天是某保妇抗会成立的一天，此会在各位保长先生领导之下，在各位来宾帮助之下，和各位女同胞努力下，将来定有光明的前途。本人的知识很简陋，没有很好的话向各位谈谈，请大家原谅！

现在我来谈谈这次中日大战中，我们妇女同胞有没有负起抗敌救国的责任。

这次中日大战，是中华民族生死存亡的关头，中国要是打败了，马上就亡国，我们都是亡国奴了，亡国奴的生活痛苦得很，一时也说不完。中国要打胜了，就是个强盛的国家，将来没有外国敢欺侮了。我们要中国打胜仗，必须全中国四万万同胞，都团结起来，同心合力的去打日本鬼子，才能把鬼子赶出中国。但是我们看看，前线英勇杀敌的将士，大多是男同胞，我们妇女同胞参加救国工作很少，尤其我们乡村妇女同胞，不但不上前线救国，而且阻碍他（她）的丈夫或是儿子去参加救国工作，这样是减少了抗战的力量，而无形中是帮助了日本。夫妻儿女团聚虽好，要知道救国是大家的事，日本鬼子来了，大家都受奸掳毁杀之害，夫妻儿女失散，生命财产不保，种种痛苦很多。外国的妇女与中国就不同，当国难的时候，送自己的丈夫或是亲生的儿子上前线，并且说："不打胜仗，不要回。"

妇女同胞们，我们也要学学外国女子的长处，虽不能直接上前线救国，我们在后方可以鼓励能上前方救国的人，或做有益国家的事，才不辜负我们妇女对国家的责任。

妇女同胞们,我们要团结起来,将妇抗会组织起来和健全起来,真正的做些抗敌救国的事,一致努力打走日本强盗,以求中华民族的独立和幸福。

本人的知识很差,瞎说了几句,请大家原谅。

毫无疑问,胡孟晋本人是一个坚定的革命者和爱国者,可是在那种白色恐怖的岁月,他冒着生命危险,鼓励爱妻积极从事抗日爱国活动,令人敬佩。为了让妻子的讲演达到最佳效果,胡孟晋还细致地在讲演词后附了"讲演注意事项"。写这篇《妇女抗敌协会讲演词》时,胡孟晋已经积累了大量的宣传工作经验,所以他告诉妻子的讲演注意事项,也可以看成是他本人宣传抗日救亡运动多年经验的一个小结,甚至可以看成是对新四军宣传工作的经验小结。

"这些讲演注意事项就是放在今天,读来也具有启发意义。"张轼说。

讲演注意事项

(一)先要知道会场上各种人或团体,如有工作团,或乡长、保长,其他参加的人等,开口称呼:各位工作团同志,方乡长,各位保长,各位来宾,各位妇女同胞……

注:各位、诸位,是指二个以上多数人之称,只有一个乡长或一个保长,只能称某乡长,某保长。

(二)说话要明白清楚,要慢点,不要太快。声音不要太高,也不要太小,重要处声音宜高点。一句句的说,不要太急。

(三)目光要注意全场,不要对某一处望。

(四)态度宜和蔼,说到乐的地方要表示快乐,悲的地方要悲,才能感动人。

(五)不要怕丑,不要慌,胆子要放大。常说话就好了。

(六)要一句句的说话式的,不要像背书式的。

(七)说话不要太长,重要的、要紧的说。

(八)听人说的事,可发挥自己意见。

(九)说话时可举例子比譬,可引古语或俗语,或文句故事来说。

《妇女抗敌协会讲演词》(局部)

如说到日本奸掳烧杀事,可说出真事实来。

又如说:"八十岁老妈砍黄稿……"送丈夫从军。

又如"木兰从军"故事等。

凡是与讲演时有关系的事或文句或古语均可引出。

(十)未讲演之前要先预备材料,先预备一个题目,然后再预备第一段说甚么,第二段说甚么,末尾说什么。例如讲:日本为甚么侵略中国,然后就预备材料:

第一段说:日本是帝国主义,必须向外侵略……

第二段:中国是物产丰富,又是个弱国……

……

末尾段:中国四万万人团结起来,武装起来打日本……

(十一)自己练习:初讲时私下多练习,在自己的屋内作会场,屋内东西当作许多人,站立着讲,就如开会时讲一样,多多练习,到正式开会时就能说了。

以上十一点是说个讲演大概，如能将以上都做到，再看人讲演学人家的长处，去自己的短处，多多练习，多多听，大胆地讲，将来可成为演说家了。

努力吧，妇女解放的先锋！

练习吧，未来的演说家！

奋斗吧，革命的女英雄！

天下无难事，只要专心耳。

不怕困难，不怕失败，不怕苦，

升天下地皆可以！

一九三九、十一、廿四，群于舒百

仅凭这篇《讲演注意事项》，我们可以想象胡孟晋是一位多么富有激情的讲演家啊！其实，它本身就是一篇优秀的讲演词。而张惠女士果然没有辜负丈夫的期待。据张轼介绍，张惠随后便在家乡投身于"妇女抗敌协会"的组织工作，在胡孟晋烈士逝世后又抚养几个孩子长大成材，至今仍以91岁的高龄健在。

1942年，为坚持皖江地区的抗日斗争，胡孟晋奉命随张恺帆同志去巢湖以东开展工作，任湖东中心县委委员、五区工委书记，长期与桂顽李本一师527团作斗争。1945年春，他调任湖东中心县委组织部任副部长。

抗战胜利，"双十协定"签订后，新四军第七师奉命北撤，胡孟晋随军开赴苏北，先后任苏皖边区政府民政厅干部科科长、直属机关党总支书记。此时他已身患重病，仍坚持工作。

1946年八九月间，国民党军重点进攻解放区，华中分局和边区政府后方机关北撤山东，他随队北移，后又北渡黄河，驻冀南故城，直到1947年夏逝世。正如一位老同志后来所说的：胡孟晋同志是一个名副其实的共产党员，一个真正做到了"鞠躬尽瘁，死而后已"的好同志。他逝世后，华中分局驻冀后方机关为他立碑纪念。解放初其遗骸运回老家安葬。

家书捐献者张轼，系写信人胡孟晋烈士的战友、妻弟，1923年生，1938年参加新四军，新中国成立后长期在省市党政机关工作，曾任安徽省安庆市政协副主席。

◇
媒体传真

抗战烽火家书情①

《辽宁日报》 王云峰

　　80年前的那个7月，无数热血青年抛妻别子，决意为家国洒血疆场。如今，岁月冲淡了伤痕，却难以抹去其间的儿女情长。"烽火连三月，家书抵万金"，山河破碎年代写就的家书，成了那段苦难岁月里永远的见证。今天，我们重读《抗战家书》收录的近百封尘封的家书，依然能从字里行间读到战火与苦难、温情与牵绊，更能读到为国为家赴死的决然。

　　又到了七月七日这一天。这是一个让我们心痛气喘的日子，它凝结了我们太多的屈辱和苦难。彼时，全民团结一致奋勇抗日。今天的回望，正是为了铭记这段历史。

望妻进步共抗战

　　1938年春，胡孟晋投笔从戎，加入中国共产党，投身抗日运动。1939年11月28日，已经是新四军五支队司令部秘书的胡孟晋，结束了在家乡舒城两个月的假期，即将返回前线。面对依依不舍的妻子张惠，他强忍离别的伤痛，写了一封辞别书。

　　最亲爱的惠呵，我们又要离别了！当你听到离别的声音，或者不高兴吧！

　　……

　　畸形发展的中国，教育不普及，人民的知识简单，而妇女尤甚，只要家而

---

① 《辽宁日报》,2017年7月7日。

不顾国。大难当头，应踊跃赴前线杀敌，而妇女们阻碍其夫或其子之伟志。希望你将无知识的妇女组织起来，宣传和教育她们，使伊等知道"皮之不存，毛何附焉？""国之不存家何在？"使她们不至含泪终日，倚门遥望前线上的夫、子早日归来呢！……

惠呵，我们要认清时代，当此革命时期，家庭衣食可维持就够了，不要有其他念头。要知道整千整万的难民，千百万的劳苦大众，生活是多么痛苦呵！人生是要作伟大事业，而不是做了金钱的奴隶呵！太看重金钱的人是最污脏的，不要与之往来。

《辞别书》局部

爱人呵，你在无事的时候，多多阅读书报，可使你知识进步……好好教养二个小孩，切忌打骂。处家事，对外人，言语态度等事，可参考我的日记和通信，要切实的做，不然我的心思枉费了……

"谁不愿骨肉的团聚？谁不留恋家庭的甜蜜？"感情甚笃的夫妻离散，自是倍感无奈与依恋。但是特殊时期，不能奢谈这些儿女情长。胡孟晋在写给妻子的信中，既以"舍小家，顾大家"的道理与妻子共勉，又抒发了对妻子的思念和对家中的关切，深明大义而又情浓于水。

从信中可以看出，胡孟晋是一个坚定的革命者和爱国者，可是在那个白色恐怖的岁月，自己在抛头颅洒热血的同时，依然鼓励妻子积极从事抗日爱国活动。信中体现的大局观和对金钱的态度，今天读来仍具有启发意义。

一位爱国绅士临刑前的诫子书

写信人叫于登云，是一位爱国绅士。因为资助东北抗日义勇军而被捕，

179

他自知难逃一死,在临刑前给其长子留下这封遗书。

成儿知悉:

你年已不小,本拟父子天年,未想半途分别,你之命,父之运也!所望读书尽心,务必前途。侍母要孝,勿劳其生气,以便领你们兄弟子(姊)妹过日子。如你母有生气时,你要跪之请罪,以何时欢喜为止。兄友弟恭,妹妹之领导,你的责任太大。将来各地处你要均应前往看看,以长经验。择友慎行,要比为父有不好之日,你不要口出怨言,以免招祸生此地。善法也。勿得犯口为要。至嘱。

于登云曾任吉林省蛟河县税捐局长。他思想进步,九一八事变后,目睹日军肆意蹂躏家乡和人民,悲愤异常。他虽不能亲自上战场杀敌,却暗地筹粮筹款,资助抗日分子,终被日军驻吉林宪兵队逮捕关押。于登云自知难逃一死,在狱中秘密给儿子于渤(乳名成儿)写下遗书。

在信中,于登云对父子半途分别深感遗憾,勉励儿子用心读书,孝顺母亲,做弟弟妹妹的表率,并要他增长经验,择友慎行,特别是不要口出恶言。面对死亡于登云心态平和,头脑冷静,对儿子情真意切,语重心长。

这封信是于渤于 2010 年 7 月 1 日捐给中国人民抗日战争纪念馆的。于渤说,父亲的遗书他不知道读了多少遍,原本生性活泼、非常淘气的他仿佛一夜之间长大了。他遵照父亲的教导,努力学习,孝顺母亲,谨言慎行,以身作则带领弟妹,为母分忧。1941 年,于渤从辅仁大学毕业。新中国成立后到国家重工业部工作,为国家建设贡献了自己的力量。

跟上这个伟大的时代向前走

一位家资充裕的华侨青年,一个 25 岁的年轻生命,甘愿放弃舒适的生活,投身前途凶险的抗日战场,在有限的生命里一直在海内外为抗日救国奔忙,最终用鲜血和生命实现了自己的人生理想。他就是越南华侨符克。

亲爱的双亲、大哥大嫂和弟弟们:

我此行,虽然预备在艰险的环境中渡(度)过生活的。当然是使得你们担心的。不过,我是大了的人,同时也是受过相当教育的人,无论如何,我总会设法顾全生命的安全。你们时常说危险,不肯我归来,你们的意想是对的。不过,你们要明白,我是一个平常的人,倘不敢冒险前进,寻求出路,是不会有光明之日的。我感觉到像我这样的人,能够跟上这个伟大的时代向前走,不敢说将来一定有出路有办法。但,对于自己的训练是有很大裨益的,我认清了这点,所以我透视生死的问题并不是首要的,也可以说是生命必经的过程的平常的一回事。那么以后不必挂心我了。

从信中我们能看出,符克为了抗日救国,放弃了安逸的生活和天伦之乐,离开了亲人,冒着生命危险,返回祖国。在离开越南时,他就做好了为国捐躯的准备,并实告和劝慰家人,这是一件光荣而有意义的事。

符克死于 1940 年,年仅 25 岁,他用年轻的生命生动诠释了什么叫死得伟大,重于泰山。

《抗战家书》从一个独特视角展现了英雄人物生活中的点点滴滴,每一封家书都包含着修身、齐家等中国传统文化的精华,并闪耀着追求真理、讲求诚信友爱、提倡无私奉献等传统文化价值的光辉。

一封家书见证一个时代。《抗战家书》不仅是民间家书独有的价值体现,还为后人深入而全面地认识、研究那个时代,提供了史料和视角。

抗战家书：记录激情燃烧的岁月①

蚌埠广播电视台　丹　华　张端宇

听众朋友您好！欢迎收听今天的《城市声音》，我是丹华。在今天的节目中，我们和您一起品读新四军五支队司令部秘书胡孟晋的抗战家书。"烽火连三月，家书抵万金"，一封封浸透着血与火的家书留下了一段段珍贵的回忆。

（出录音，音乐起，压混）"惠，最亲爱的人，你是妇女中的先进者，对于我这次的外出，请不要依恋。要知道你爱人的走，不是故意抛弃你，而是为着革命，为着独立自由幸福的新中国而努力奋斗啊！……"

这是胡德新在朗读父亲胡孟晋当年奔赴抗日战场前写给母亲张惠的一封辞别书。胡孟晋，生于 1912 年，安徽舒城人。1935 年，胡孟晋与张惠结婚，1938 年参加了新四军战地服务团。后协助汪道涵同志开展统战工作，组织群众抗日。

胡孟晋烈士长子胡德新（右）接受丹华采访

---

① 蚌埠新闻综合广播 2015 年 9 月 2 日文字稿。作者分系蚌埠广播电视台记者、主持人和记者。该作品获安徽广播电视奖（2015 年度）广播社教类二等奖。

（出录音）**蚌埠市史志办副主任郭照东**：胡孟晋烈士深受他的兄长、毕业于黄埔军校第三期的胡永林影响，接受了启蒙教育；第二点就是在池州乡镇师范学习的时候，他开始接受了进步思想，学习了革命理论；第三点就是家庭的支持非常重要；还有一点，抗战爆发以后在我们安徽皖中地区，当时的舒城受到了日军狂轰滥炸。这4个因素对他迅速能够走到抗战一线起到了决定性作用。

（出录音）**胡德新**：他和几个要好的同学，带了一批人一块，到汤池那里找到了新四军，参加了战地服务团。

从此，胡孟晋和妻子张惠天各一方，只能通过书信联系。他从抗日前线传回的家书，不仅满含着对妻子、孩子似水的柔情，更饱含着对国家如火的丹心以及对人民的满腔忠诚。

1941年1月6日，国民党顽固派悍然发动震惊中外的皖南事变，局势骤然紧张。在战场前线，胡孟晋所在的新四军江北部队正陷入前所未有的困境，而在敌后根据地，胡孟晋的家人也在用各种方式和敌人做着斗争。

（出录音）**胡德新**：我记得很清楚，那时候七八岁，有　次日本鬼子突然来"扫荡"，当地的群众就通知我们，把我们带着一块，到哪去呢？就躲到那个水稻田里头。然后，日本人走了以后把我们喊出来。在无为，我就感觉到当地的群众对我们很好，如果当时要不是共产党新四军和人民群众打成一片，是为人民群众服务的，那我们当时在那也待不住啊。那里，有时候日本人来了，有时候国民党来了，老百姓就麻烦了，所以当时就体会到共产党新四军跟人民群众打成一片，关系非常融洽。

在这样的抗战时期，妻子张惠在家不但要照顾好两个年幼的孩子，还要服侍婆婆，生活过得非常艰难。胡孟晋在信中鼓励妻子要坚强地渡过难关。

（出录音）**胡德新**：家庭经济之困难，生活之痛苦，我是深知的。要革命成功，须经过困难艰苦的阶段，当此环境中是要立定脚跟，具坚强之意志，任何之外诱，不可动摇的，"国难见忠臣"，在困难中锻炼成真正的革命者啊……惠呵，我们要认清时代，当此革命时期，家庭衣食可维持就够了，不要有其他念头。要知道整千整万的难民，千百万的劳苦大众，生活是多么痛苦呵！人生是要作伟大事业，而不是做金钱的奴隶呵！

在胡孟晋的鼓励和支持下,妻子张惠也走出家门宣传抗日,为了帮助妻子,胡孟晋精心为她草拟了一份《妇女抗敌协会讲演词》。

(出录音)**胡德新**:妇女同胞们,我们要团结起来,将妇抗会组织起来和健全起来,真正的做些抗敌救国的事,一致努力打走日本强盗,以求中华民族的独立和幸福。

为了让妻子的演讲达到最佳效果,号召更多的人参加抗日,胡孟晋根据自己宣传抗日救亡运动多年的经验,细致地在讲演词后附了 11 条讲演注意事项,告诉妻子"说话要明白清楚,不要太快"等,用每一个细节鼓励妻子成为革命的女英雄。

(出录音)不要怕丑,不要慌,胆子要放大……说话不要太长,重要的、要紧的说……以上十一点是说个演讲大概,如能将以上都做到,再看人讲演,学人家的长处,去自己的短处,多多练习,多多听,大胆的讲,将来可成为演说家了。努力吧,妇女解放的先锋!练习吧,未来的演说家!奋斗吧,革命的女英雄!天下无难事,只要专心耳。不怕困难,不怕失败,不怕苦,升天下地皆可以。(压混渐弱)

在丈夫耐心细致的帮助下,张惠积极投身于妇女抗敌协会的组织工作。

(出录音)我母亲一开始,因为当时是农村妇女,也不大想出来做工作,在我父亲的一再动员下,我母亲就是受了影响,以后这方面越做越自如了,走家串户,特别是到妇女当中,去宣传抗日的道理,要他们动员孩子和丈夫去参军。所以母亲在当地当时慢慢就变成了是妇女抗日的积极分子了。

1946 年后,胡孟晋随军北撤,家书不通,张惠从此与丈夫失去联系,由于受到国民党顽固派迫害,她带着孩子四处逃难。虽然受尽苦难颠沛流离,她却一直把这些家书带在身边,虽然纸张经过岁月的侵蚀已经泛黄,但每一封书信依旧字迹清晰。这些书信是她思念丈夫的精神慰藉。

(出录音)听母亲讲,她把这些家书用牛皮纸好多层裹起来,又怕国民党来查到,就塞到墙洞里,我们那墙是泥墙,在里头有墙缝子,塞到那里面,外头再堵上,过一段时间还要拿出来再晾晾,又怕它烂掉了,有时候还要转移地方,所以那么多年是很不容易能保存下来 。

1948 年,焦急盼望丈夫消息的张惠得知,胡孟晋已经在 1947 年随部队北撤至河北故城县时病故。1949 年舒城解放后,张惠在弟弟的陪同下,带着干粮,日夜兼程赶到河北故城,用一床棉被包着,一路将烈士的遗骨紧紧抱在怀中回到了舒城老家。

胡孟晋曾在书信中表达了对革命胜利、全家团圆的期待,他这样写道(音乐压混):虽然身在两地,别有一番想念,但会面良辰并不远,光明已现曙光,快乐即在前面。最亲爱的,请你不要等得发急了呵,路是越走越近了,事是越做越好的,快乐幸福的日子,很快的到临了,看吧,太阳在东山向人们喜洋洋的招手了,我们快乐享受,陶醉它的怀抱吧!(音乐结束)

然而,胡孟晋却没能看到这一天的到来。

(出录音)母亲跟我们说过最遗憾的事情,就是父亲为着革命事业奋斗一生,没有看到革命的胜利,没有看到人民的解放,没有看到我们家庭的幸福,没有实现家庭团聚。这是我母亲经常跟我们说的她遗憾的事情。我最小的这个弟弟胡俊我父亲就没见到。

虽然胡德新和父亲待在一起的时间非常有限,最小的弟弟胡俊甚至没见过父亲,但是通过这一封封字迹刚劲有力的家书,能够感受到字里行间处处流露着父亲的侠骨柔情,这些家书饱含着胡孟晋对家人的牵挂,对革命的坚定,也给后人带来了宝贵的精神财富。

(出录音)**胡德新**:我父亲在信上写一些东西我们经常跟孩子讲,他特别讲"人生要做大事业,不要做金钱的奴隶",这句话对我们印象非常深刻。在我父亲参加新四军以后,在最困难的时期,他用的名义是在外面做生意,急需要钱,请家里头变卖财产给他支持。当时,我祖母说了两句牢骚话,还要支持他,别人在外边工作、当官家里头都荣华富贵,意思是得到好处,你看你爸爸在外面,现在还要我们去支援他。当然,家里还是给他变卖一些财产支持革命。在我们幼小心灵里头听到这些话也很有感受,慢慢就懂得参加工作、参加革命不是为了眼前的享受,而是要为了远大的目标,组织上有困难的时候家庭要支持。这在幼小心灵上就受到这么一种感染,就是先顾国,然后才能考虑到小家,所以就像信中所讲的"国之不存家何在?"

昨天上午,在纪念抗日战争胜利 70 周年前夕,胡德新把珍藏了 70 多年的 15 封家书和两枚信封捐献给蚌埠市档案馆。

◇ 媒体传真

（出录音）**胡德新**：我们弟兄三个，我弟弟胡勋、胡俊，我们商量把家书的原件存放到蚌埠市档案馆。因为这个档案馆条件比较好，可以使历史文物能够长久保存，也可以发挥更大的教育作用，让更多的人来了解革命前辈的革命精神和革命风貌。

（出录音）**蚌埠市史志办副主任郭照东**：它是教育后人珍贵的革命文物，它也对于我们研究抗战这段历史，尤其研究我们安徽抗战，比如淮南抗日根据地的敌后斗争、皖江抗日根据地的创建，都是第一手的珍贵历史文献。

（音乐压混）

胡孟晋烈士这一封封家书，不仅记载了一段血与火的历史，而且承载着醇厚的亲情，从一个侧面真实地再现了抗日战争时期普通百姓的苦难生活，以及国破家亡的危急关头抗日烈士不屈的民族气节。明天是中国人民抗日战争暨世界反法西斯战争胜利70周年纪念日，我们一起品读这些家书，可以更加领悟到和平的可贵，领悟到今天幸福生活的来之不易。让我们一同坚守光荣传统，坚守和平与幸福。

听众朋友，今天的《城市声音》就到这里，感谢您的收听，再见！

烽火家书见证抗战岁月的坚贞爱情①

《蚌埠日报·淮河晨刊》 孙本源

"亲爱的！谁不愿骨肉的团聚，谁不留恋家庭的甜蜜，要知道国家民族重要，个人前途重要，因此又要别离亲人，而远征他乡了。……请你安心在乡努力妇女解放的事业成为女英雄，我在外对革命之伟业亦更加努力呵！别了，别了！"这是一位新四军战士66年前奔赴抗日战场前给妻子留下的一封辞别书，这封信言辞感人，充满了夫妻间炽热的爱，更对作为革命伴侣的妻子的思想进步寄予了很大希望。这位新四军战士胡孟晋已经于1947年随部队北撤途中病故，而他的妻子张惠依然健在，已经91岁高龄的张惠与儿孙一起生活在蚌埠。记者几经寻访，终于探得老人下落，并对她进行了采访。

随丈夫一起投身革命

张惠老人精神很好，但吐字不甚清楚，大部分叙述都由其长子、现任市关工委主任的胡德新代说。胡德新回忆，其父胡孟晋出生于安徽舒城，自幼丧父，20世纪30年代初毕业于池州师范学校，回乡后自办学校推广白话文。1935年，胡孟晋与张惠结婚。1938年春夏间，安徽大部分地区沦陷日寇之手，在妻子的支持下，胡孟晋为抗日救亡奔走呼号，并参加了地下党在舒城县开办的游击干部训练班，随后加入新四军四支队政治部战地服务团，宣传共产党的抗战主张，组织群众救亡团体(农、青、妇等抗敌协会)。

1939年初，在丈夫的鼓励下，张惠参加了当地的妇救会，动员家乡妇女

① 《蚌埠日报·淮河晨刊》，2005年9月22日。作者系《蚌埠日报》记者。

◇
媒体传真

送子送夫上前线打鬼子。她曾在各乡各保妇救会成立大会上疾呼:"妇女同胞们……我们要舍小家为国家,不当亡国奴,快快送子送夫参加抗日救亡工作。后方的姐妹们,团结起来,支援前线,打倒日本强盗。"这样的呼号,今天听来依然让人振聋发聩。"那时没有女的出来讲演的,他鼓励我胆子要大,讲演词也是他给我写好的。"张惠追忆当年,对 60 多年前在烽火岁月中,夫妻两人互相鼓励、互相支持的一幕幕记忆犹新。

1942 年,胡孟晋调入新四军第七师战斗的无为、庐江地区,张惠与丈夫一度得以团圆,过了一段艰辛的"随军"生活。但不久后,张惠又辗转回到家乡,继续与土顽周旋。

"烽火连三月,家书抵万金"

张惠老人颤巍巍拿出几封用黄草纸写就的家书,有的已经破损不堪,老人小心翼翼地展开,眼睛盯着信上的文字,默默无语。老人说:"谁不想一家人团聚,但那时不行啊。""辞别书"是丈夫 1939 年写的,当时回乡做地下工作,短短的团聚后就要分离,在临走之前为张惠写好了"妇救会"讲演稿,然后偷偷留下了这封情深意切、感人肺腑的"辞别书"。"父亲当年写了不少家书,但只保留下来 15 封,家书在那个年代

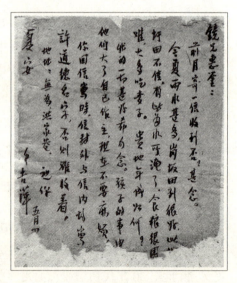

《吉祥致镜兄》

分量太重了。"胡德新说,父亲当年写家书报平安,全部用假名字,害怕鬼子和国民党迫害家人。

由于张惠略识文字,丈夫就将不少家书写给她,这也是丈夫与她联系的唯一方式。见不到丈夫,这些信就成了张惠当年思念丈夫的慰藉,并且每次都将信用牛皮纸包好放在墙缝里保存,连孩子也不知道。

1946 年后,胡孟晋随军北撤,家书不通,张惠从此与丈夫失去联系,由于

受国民党迫害,她带着孩子四处逃难。

一床棉被,抱夫"马革裹尸"还

1948 年,全国战场捷报频传,张惠焦急等待丈夫的消息。当年底,张惠的弟弟张轼被派赴江淮军区时,肺结核病复发,回到舒城休养。他从华东军区后方得知,胡孟晋已经在 1947 年随部队北撤至河北故城县时病故。得此消息,张惠悲痛万分。1949 年舒城解放后,张惠做出了一个决定,迎回丈夫遗骸。她在弟弟张杰的陪同下,自带干粮,日夜兼程,赶到故城,用一床棉被包着,一路将丈夫骸骨紧紧抱在怀中回到了舒城老家。

66 年后,珍贵家书重见天日

张惠后来随儿子来到蚌埠居住。2004 年 11 月,张惠的弟弟张轼到蚌埠看望姐姐和外甥,在和姐姐聊天时,得知胡孟晋当年写的家书还保存着,于是,将家书带回整理、装裱。抗战胜利 60 周年前后,多家媒体先后对张惠保存的抗战家书及家书背后的故事进行了报道,于是,烽火年代热血青年"抛妻弃子"、舍身为国的感人事迹才得以重新展示在世人面前。

央视《信·中国》
诵读胡孟晋家书感动观众①

蚌埠广播电视台　张　浩

昨天晚上，央视综合频道《信·中国》清明特别节目中，播出了胡孟晋烈士的书信。这些尘封于市档案馆的书信，展现了烈士那如火的丹心和似水的柔情。市新四军研究会的成员一起集体收看节目，收获感动和前行的力量。

吴京朗读：*最亲爱的惠啊，我们又要离别了！当你听了离别的声音，或者不高兴吧！亲爱的！谁不愿骨肉的团聚，谁不留恋家庭的甜蜜，要知道国家民族重要，个人前途重要，因此又要别离亲人，而远征他乡了。*

胡孟晋生前是新四军五支队司令部秘书。节目中，演员吴京朗读的胡孟晋烈士生前与爱妻张惠的家书，饱含着对国家、人民的满腔忠诚，和对爱妻、幼子的无限深情，读之感人至深。特别是讲到1947年，胡孟晋积劳成疾病逝后，七年未见的妻子千里北上，将他的遗骸背回家乡的经过，更是催人泪下。长长的信件为大家展现了一位生动的共产党员的光辉形象，更是激励了每一位观众。

新四军老战士葛育香：我作为新四军老战士，我们要努力学习，下定决心要用实际行动来纪念胡孟晋同志。

胡孟晋烈士长子胡德新，2015年将父亲写给母亲的15封家书和两枚信封捐赠给了市档案馆，这次，他不仅参加了央视的现场录制，也和市新四军研究会的会员一起在现场观看了节目。

---

①　蚌埠电视台2018年4月6日"蚌埠新闻联播"文字稿。作者系蚌埠广播电视台记者。

胡孟晋烈士长子胡德新：每封信都是对我们进行家庭教育的资源，特别是我父亲提出来要舍小家顾大家、不要做金钱的奴隶，要动员更多的人去参加抗日，这些话都是对我们很有教育意义的。

2018 年 4 月 5 日晚，胡孟晋烈士长子胡德新接受作者采访

市史志办副主任郭照东：胡孟晋烈士家书的时代价值，体现在他家书中的六个字，这就是舍小家顾大家，这是我们共产党人全心全意为人民服务宗旨的集中体现。这种红色基因我们应永远传承，为了中华民族复兴做出我们共产党人当今应有的贡献。

蚌埠家书感动了全国①

《蚌埠日报·淮河晨刊》 何 沛

"最亲爱的惠呵,我们又要离别了!当你听了离别的声音,或者不高兴吧!亲爱的!谁不愿骨肉的团聚,谁不留恋家庭的甜蜜,要知道国家民族重要,个人前途重要,因此,又要别离亲人,而远征他乡了……"4月5日晚上8点,央视一套大型人文艺术类节目《信·中国》播出,在悠扬的背景音乐中,演员吴京缓缓念着一位丈夫写给妻子的家书。

家书中,是一个丈夫奔赴战场前,对妻子的不舍之情。家书中,所流露的情感让所有的观众,感受到了夫妻之间炽热的爱,感受到一名新四军战士对作为革命伴侣的妻子的思想进步给予的希望。这是来自蚌埠的家书,让聆听者们随着内容,时空转换回到了那个年代……

穿越烽火忆往昔

吴京所念的第一封家书的名字叫《辞别书》,作者叫胡孟晋,安徽舒城人。1936年,24岁的他,从师范学校毕业,回老家办学,认识了21岁的张惠。两人情投意合,不久便成婚了,生下了两个孩子。1938年春天,日寇侵入华中,26岁的胡孟晋,毅然决定弃笔从戎,奔赴大别山腹地参加新四军。胡孟晋随新四军南征北战,随军东进寿县、肥东、全椒。胡孟晋从此与妻子张惠天各一方,以书信往来寄托相思。

夫妻离散,自是倍感无奈和依恋。随后,胡孟晋在写给妻子的信中,既

---

① 《蚌埠日报·淮河晨刊》,2018年4月10日。作者系《蚌埠日报》记者。

时时以"舍小家,顾大家"的道理与妻子共勉,又不免在信中抒发对妻子的思念和对家中的关切。

1939年9月,胡孟晋从前线回家探亲,临别前,给妻子写下了这样一封信。在《辞别书》中,胡孟晋耐心细致地向妻子阐释"皮之不存,毛何附焉?""国之不存家何在?"和正确处理"大家"与"小家"关系的道理;在国难当头之际,要担当"国危见忠臣"的匹夫之责;在面对家庭经济困难、生活痛苦之时,要辩证地认识到"富贵反多忧"……"最亲爱的人,你不要太念我,你的厚情我是知道的,我不是个薄情的人,请你放心,决不辜负你的热情呵!""亲爱的,谁不愿骨肉的团聚,谁不留恋家庭的甜蜜,要知道国家民族重要,个人前途重要,因此,又要别离亲人,而远征他乡了……请你安心在乡努力妇女解放的事业成为女英雄,我在外对革命之伟业亦更加努力呵!别了,别了!"

然而,在写这封信之前,胡孟晋还为张惠写好了"妇救会"的讲演稿。他对妻子寄予了很高的期望,教导妻子的人生观、价值观、金钱观。而在胡孟晋困难时,张惠变卖家财,支持他的抗日活动。在通信中,他不断鼓

胡孟晋烈士长子胡德新(中)与朱军(左)、吴京在节目录制现场(截屏)

励妻子参加妇女抗敌协会的各项工作,甚至利用短暂相聚时间,为妻子草拟一份《妇女抗敌协会讲演词》。这份讲演词,也在演播现场缓缓地被朗读了出来:"妇女同胞们,我们要团结起来,将妇抗会组织起来和健全起来,真正的做些抗敌救国的事,一致努力打走日本强盗,以求中华民族的独立和幸福……"

在1938年至1945年间,胡孟晋寄给妻子张惠共15封家信。它们见证了烽火岁月中抗日战士"舍小家,为大家"的高尚情怀,以及一段坚贞的爱情。尘封于蚌埠市档案馆的书信,经过《信·中国》的朗读,一夜之间也传遍全国,打动了亿万观众。念读80年前一位新四军战士胡孟晋写给妻子张惠

的励志书信,这让吴京触景生情,现场洒下"男儿泪"。

节目中,胡孟晋的长子、蚌埠市委原副书记胡德新也来到了现场,介绍了父亲胡孟晋与母亲张惠之间共赴国难的真挚爱情。

一床棉被"抱"夫还

4月8日下午,记者几经寻访,找到了胡德新。

今年81岁的胡德新回忆道,家书在那个年代,分量实在是太重了。当时父亲写家书报平安,全部用的都是假名字,害怕敌人迫害家人。母亲见不到父亲,通信就成为他们联系的唯一方式。信,成了母亲思念丈夫的慰藉,并且每次都用牛皮纸将信件包好放在墙缝里保存,连孩子们都不知道。

1946年,胡孟晋随军北撤,家书中断,张惠从此与丈夫失去了联系。由于受到局势所迫,她带着孩子四处逃难。"相知相爱的两人最终未能相聚。1948年,全国战场捷报频传,与父亲七年未见的母亲也是一直在等待父亲的消息。却没想到,等来的却是父亲病逝的噩耗。"胡德

胡孟晋烈士长子胡德新(右)接受作者采访

新说,1948年底,舅舅张轼被派赴江淮军区时,肺结核病复发,回到舒城休养。他从华东军区后方得知,父亲在1947年随部队北撤至河北故城县时病故,年仅35岁。舒城解放后,被批准为革命烈士。

得知这个消息后,张惠悲痛欲绝。1949年舒城解放后,张惠决定:要把丈夫接回家!在弟弟张杰的陪同下,张惠自带干粮、日夜兼程,赶到故城,用一床棉被包裹着丈夫遗骸,一路将丈夫紧紧抱在怀中回到了舒城老家。"当时的交通没有现在这么发达,很多地方都不通火车,无法想象母亲这一路是如何去的,又是怀着什么样的心情将父亲接回来的。"胡德新道。后来,母亲随着他来到了蚌埠居住。无论多么困难,母亲始终小心翼翼保存着书信。直至2004年,母亲委托弟弟整理装裱信件,父亲的事迹才被家人知晓。

"我最珍贵的东西"

最好的感情不仅是不离不弃,更是一起成长,夫妻之间要相互扶持、共同成长,这才是感情最坚实的基础。胡德新至今记忆犹新,这15封书信的包裹的纸袋上写着——"我最珍贵的东西"!

2014年,百岁高龄的张惠老人离世。"母亲生前叮嘱我一定要保存好这15封家书。为了让更多人了解抗战年代的真实生活,使之更具有教育意义,我们决定将信件交由地方史志、档案部门保管。"2015年,蚌埠市新档案馆建成在即,馆内具备恒温恒湿保存条件。在抗战胜利70周年之际,胡德新捐出了这15封书信。

这也是胡德新最珍贵的东西,他将它们捐给了市档案馆。他觉得,他要让更多的年轻人了解到那个年代;让更多的年轻人明白,如今的幸福生活是多么的来之不易;让更多的年轻人了解到、感受到抗日先烈的事迹。

如今,这15封书信妥善保管在档案馆的档案室里。虽然,它们已经封存,但是透过发黄的纸端,仍抹不去的是一个共产党员的光辉形象,以及浓浓的思念、厚重的情感,对国家人民的满腔忠诚⋯⋯

"硬汉"吴京含泪读了这封来自
蚌埠的家书感动了中国①

"蚌埠号外"微信公众号②

　　清明节之际,大型人文艺术类节目《信·中国》获央视特别编排,提前至4月5日清明节晚8点播出!

　　《信·中国》在央视一套开播以来,收视创高,反响强烈,本期节目更是精心打造"90分钟特别加长版",特邀明星"信使"李幼斌、吴京、韩雪、沙溢胡可夫妇打开5封烈士书信,成为央视"清明节"的最大看点。

　　昨晚的节目中,《战狼Ⅱ》大英雄"冷锋队长"吴京"拄拐"现身《信·中国》现场,念读一封80年前一位新四军战士胡孟晋写给妻子张惠的励志书信,这让吴京触景生情,感慨爱情和事业,现场洒下"男儿泪"。

胡孟晋烈士家书念读人吴京(右)与胡德新(中)、朱军在节目录制现场(截屏)

---

① 2018年4月6日微信文字稿。

② "蚌埠号外"微信公众号账号主体为蚌埠市广播电视台。

这 15 封家信,是胡孟晋在 1938 年至 1945 年间寄给妻子张惠的信件。它们见证了烽火岁月下抗战烈士"舍小家,为大家"的高尚情怀,以及一段坚贞的爱情。收藏于蚌埠市博物馆的书信,经过《信·中国》的传播,一夜之间也传遍全国,打动了亿万观众。

胡孟晋,原名胡永荣,生于 1912 年,卒于 1947 年。原籍安徽庐江,后移居舒城百神庙钟家畈。他自幼丧父,与其兄胡永林随母亲钟氏移居舅舅家,靠租种别人的土地维持生活。1936 年毕业于安徽省池州(乡村)示范学校(高级师范班),并回到舒城办学,推行陶行知先生的教育思想,倡导白话文。后经朋友介绍认识了张惠,不久成婚。两人婚后生活十分甜美,然而战争的炮火打断了这个小家庭平静的生活。

1938 年春,积极从事抗日救亡运动的胡孟晋加入了中国共产党,投笔从戎时,结婚才四年左右。胡孟晋随新四军南征北战,随军东进寿县、肥东、全椒,在全椒县城关协助汪道涵同志开展统战工作,组织群众。胡孟晋从此与妻子张惠天各一方,以书信往来寄托相思。

夫妻离散,自是倍感无奈和依恋。随后,胡在写给妻子的信中,既时时以"舍小家,顾大家"的道理与妻子共勉,又不免在信中抒发对妻子的思念和对家中的关切。

15 封家书穿越烽火诉真情。

张惠积极帮助丈夫,在生活困难时变卖家财支持丈夫抗日活动。胡孟晋对妻子也寄予了更高的期望,在通信中不断鼓励妻子参加妇女抗敌协会的各项工作,甚至利用短暂相聚时间,为妻子草拟一份《妇女抗敌协会讲演词》。

在保留下来的 15 封发黄的信纸上,洋溢着夫妻之间炽热的爱。

"最亲爱的人,你不要太念我,你的厚情我是知道的,我不是个薄情的人,请你放心,决不辜负你的热情呵!"

"亲爱的,谁不愿骨肉的团聚,谁不留恋家庭的甜蜜,要知道国家民族重要,个人前途重要,因此,又要别离亲人,而远征他乡了……请你安心在乡努力妇女解放的事业成为女英雄,我在外对革命之伟业亦更加努力呵! 别了,别了!"

然而,相知相爱的两人最终未能相聚。抗战胜利后,胡孟晋随军北撤家书不通,张惠从此与丈夫失去联系。1947年噩耗传来,因长期超负荷工作,胡孟晋不幸在河北故城县病故,张惠悲痛万分。1949年舒城解放后,张惠自带干粮,日夜兼程,用一床棉被包裹丈夫骸骨回到舒城老家安葬。

由于受国民党的迫害,1946年后,张惠带着三个孩子四处流浪。丈夫留给她的15封家书就成了最宝贵的念想。无论多么困难,张惠始终小心翼翼保存。直至2004年,跟随儿子胡德新在蚌埠生活的张惠委托弟弟整理装裱信件,胡孟晋烈士的事迹才为家人知晓。

2014年,百岁高龄的张惠老人离世。蚌埠市史志办副主任郭照东将15封家书影印、整理,集结成册。"母亲生前叮嘱我一定要保存好这15封家书。为了让更多人了解抗战年代的真实生活,使之更具有教育意义,我们家决定将信件交由地方史志、档案部门保管。"2015年,蚌埠市新档案馆建成在即,馆内具备恒温恒湿保存条件。在抗战胜利70周年之际,由蚌埠市史志办牵线搭桥,胡德新老人来到了这里,捐出了这15封书信。

抗战家书书写家国情怀①

蚌埠广播电视台　崔徐波　李显飞

"烽火连三月,家书抵万金"。在市档案馆特藏档案室,保存着15封特殊家书和两枚信封,它们是原新四军五支队司令部秘书胡孟晋烈士,从抗日前线传回的。这些书信经历战火被完好地保存下来,如今作为宝贵的精神财富,激励着后人传承烈士浓浓的家国情怀。

"对于我这次的外出,请不要依恋,要知道你爱人的走,不是故意的抛弃你,而是为着革命,为着独立自由幸福的新中国而努力奋斗的啊!"

这是原新四军五支队司令部秘书胡孟晋给妻子张惠写下的辞别家书。1936年,师范学校毕业的胡孟晋与张惠相识后不久成婚。1938年,26岁的胡孟晋投身抗日救亡运动。从此,他和张惠天各一方,只能通过书信往来。1941年1月初,国民党顽固派制造震惊中外的皖南事变,局势骤然紧张,这些书信的保存十分不易。

胡孟晋儿子胡德新:因为国民党追查和共产党的往来,而且也公开找过我们家庭要动员我父亲回来,母亲就带着

胡孟晋烈士三子胡俊(左)接受采访

① 蚌埠电视台2018年8月1日《蚌埠新闻联播》文字稿。8月2日《淮河晚报》重播。作者均系蚌埠广播电视台记者。

◇ 媒体传真

我们弟兄几个到处流浪,到处躲藏。信呢也就是今天塞到墙洞里,过段时间就转个地方,保存起来很艰难。

抗战固然艰苦,但是胡孟晋没有丝毫动摇。他在信中写到,要革命成功须经过困难艰苦的阶段,当此环境中是要立定脚跟,具坚强之意志,任何之外诱,不可动摇的。国危见忠臣,在困难中锻炼成真正的革命者啊。他还在信中鼓励妻子坚强地渡过难关,走出家门、宣传抗日。妻子张惠很快成为后方的抗日积极分子。夫妻的言行深刻影响了年幼的孩子们,三儿子胡俊在1962年刚满18岁就选择了入伍。

胡孟晋儿子胡俊:父亲是个英雄,要以父亲为榜样,在祖国需要我们的时候我们应该像父亲那样挺身而出,所以我就决心当兵,做父亲那样的人。

1947年7月22日,胡孟晋逝世于河北,年仅35岁。他留下的15封家书和两枚信封成为后代的精神财富。

胡孟晋孙女胡雪松:在爷爷这十几封家书中,贯穿的一个主题就是奉献,舍小家顾大家。在父辈对我们的教育当中,包括我们对下一代孩子的教育当中,也都是把奉献啊、舍小家顾大家这个精神贯穿其中。

2015年,这15封家书和两枚信封被委托给市档案馆保存,收藏在恒温恒湿的特藏档案室,每年进行专业消毒杀虫。目前这些家书已经编撰成书供市民观看。

市民杨惠琳:感受最深的就是我看到这篇他写给他妻子的辞别信。在这信里,他不仅诉说了这份夫妻之间

胡孟晋烈士孙女胡雪松(左)接受采访

的浓浓的情意,思念之情啊、享受天伦之乐的这种期待啊,但是更多的是劝他的妻子舍小家为大家。

市档案局副调研员吴龙泉:经过战火的洗礼,能保存下来相当不容易。它始终是一曲奋进的一种旋律,在我们的心底流淌,我想我们今天的人们不应该忘记他们的付出、他们的心血、他们的信仰,以及他们无私的奉献和牺牲。

丰碑永驻

有一种力量让人心潮澎湃^①

张磊峰

"我最亲爱的孩子啊！母亲不用千言万语来教育你，就用实行来教育你。在你长大成人之后，希望不要忘记你的母亲是为国而牺牲的！"这是抗日烈士赵一曼就义前一刻留给儿子的家书。

《解放军报》，2015 年 9 月 17 日报头

"夫今死矣！是为时代而牺牲。人终有死，我死您也不必过伤悲，因还有儿女得您照应。"这是共产党员、抗日名将吉鸿昌在走上刑场前，写给其妻胡红霞的遗书。

穿越历史硝烟，经历战火洗礼，在波澜壮阔的抗战画卷中，一封封家书，就这样让我们窥见那个永不磨灭的时代，靠近那些至情至性的抗战英灵。岁月可以抹去各色记忆，却永远抹不去情感上的共鸣。虽然时间流逝 70 多年，今天细细品读这些英烈的家书，依然能感受到流淌其间炽热的温度、赤诚的情怀。

一封封抗战家书，既是抗日英雄舍家救国的正气书，亦是前事不忘后事之师的警世洪钟。"我们要中国打胜仗，必须全中国四万万同胞都团结起来，同心合力去打鬼子，才能把鬼子赶出中国。"新四军烈士胡孟晋的辞别书道出了当时国人的心声。

---

① 《解放军报》，2015 年 9 月 17 日。

◇ 丰碑永驻

一封封抗战家书，既是坚定信念牢记使命的教科书，亦是面向未来振兴中华的强军战歌。"儿这次为了民族，为了阶级，为了可爱的家乡，为了骨肉相连的弟妹，求得生存和幸福。"1938 年加入中国共产党的程雄向双亲祖露了自己的革命理想。"你应该立即奔上抗日的战场，在战斗的环境中创造你的人生，开辟你的前途！"面对残暴的敌人，共产党员王孝慈为国捐躯、效命疆场之志涤荡人心。

　　透过抗战家书，看到一种滚烫的爱国情怀：天下兴亡，匹夫有责。

　　透过抗战家书，升腾一种激越豪迈的民族气节：视死如归，宁死不屈。

　　透过抗战家书，感受一种久违的英雄气概：不畏强暴，血战到底。

　　透过抗战家书，感到一股力透纸背的必胜信念：百折不挠，坚忍不拔。

　　会有一种情怀令人泪流满面，会有一种力量让人心潮澎湃。

　　重温抗战家书，我们捧读壮怀激烈的绝笔，聆听殷殷期盼的嘱托，铭记拳拳相报的誓言……在那些朴实的文字、纯真的情感、高尚的理想中，体会革命志士博大胸襟、浩然正气。

　　重温抗战家书，我们穿越时空的隧道，接受一次深入骨髓、直抵灵魂的心灵净化与洗礼，深情缅怀那些为祖国、为民族、为人民奉献的宝贵生命，缅怀那些为我们创造今天一切的革命先烈。

《解放军报》，2015 年 9 月 17 日

重温抗战家书,我们以史为鉴,补足精神之钙、补齐能力短板、清除作风之弊,成长为担当强军重任的"四有"新一代革命军人。

"万物得其本者生,百事得其道者成。"我们共产党人的根本,就是对马克思主义的信仰,对共产主义和社会主义的信念,对党和人民的忠诚。我们刚刚隆重纪念了中国人民抗日战争暨世界反法西斯战争胜利 70 周年,那些在抗战中英勇牺牲的革命先烈敢于抛头颅、洒热血,就是因为具有坚定的理想信念。重温在烽火硝烟中写就的抗战家书,就是要坚定这份信仰、坚定这份信念、坚定这份忠诚。

"你能看到多远的过去,就能看到多远的未来。"在时间深处重温泛黄的抗战家书,我们收获更加清醒的使命意识与责任担当。让我们万众一心传承生命铸就的抗战精神,凝聚起捍卫和平的无尽力量。

英烈长眠,浩气永存,精神不朽!

继承抗战家书的家国情怀①

熊国平

　　打开《抗战家书》，仰读壮怀激烈的绝笔，聆听殷殷期盼的嘱托，重温拳拳相报的誓言……在那些朴实的文字、纯正的情感、完美的理想中，体会到先烈志士博大精深、感人肺腑的家国情怀。

《光明日报》，2015 年 9 月 2 日报头

　　这种情怀饱含了对祖国的炽热之爱。一封封源于心灵的家书，真实反映了在国破家亡的危急关头，仁人志士忧国忧民、奋起抗争、舍生取义、血沃中华的爱国情怀。"我们要中国打胜仗，必须全中国四万万同胞都团结起来，同心合力去打鬼子，才能把鬼子赶出中国。"新四军战士胡孟晋的辞别书道出了当时国人的心声。"殊不知国难至此已到最后关头，国将不保，家也焉能存在？"蔡炳炎将军之问永远留在了淞沪会战战场。他们"临患不忘国""国耳忘家，公耳忘私"，对祖国爱得纯粹、高尚、强烈。

　　这种情怀突显出对国家兴盛的责任担当。一封封家书既是先贤志士与家人沟通的方式方法，更是表达人生理想和精神追求的重要载体，满篇满纸透出舍我其谁、铁肩担道义的责任。"儿这次为了民族，为了阶级，为了可爱的家乡，为了骨肉相连的弟妹，求得生存和幸福。"18 岁就加入中国共产党的程雄向双亲袒露了自己的革命理想。"抗战是我们的神圣职责""你应该立

---

　　① 《光明日报》，2015 年 9 月 2 日。

《光明日报》，2015 年 9 月 2 日

即奔上抗日的战场，在战斗的环境中创造你的人生，开辟你的前途！"面对残暴的敌人，王孝慈首先考虑的是以救亡图存、效命疆场为己任。那时的有识之士都坚持对使命的忠诚和信守，"常思奋不顾身以徇国家之急"。

这种情怀体现在顺应潮流的修身齐家。这些经历过战火和鲜血洗礼的家书告诉我们，人、家、国必须进行价值同构，只有修身齐家，人才活得有尊严有意义，国家才有希望和活力。"当一个人把有限的生命投入革命事业中去，那他的生命就会得到永生。"在左权将军壮烈殉国后，刘志兰向丈夫这样诉说。"泰山鸿毛之训，早已了然于胸。"谢晋元将军血洒抗战战场，他践行了自己信奉泰山之重的誓言。正是华夏儿女秉承"修身齐家治国平天下"的家国理念，我们才会在抗战家书中感受"各尽所能，各竭所有，自策自鞭，自励自勉，踊跃慷慨，贡献与国家"的伟大情怀。

阅读这些涵盖抗战历程的家书，可以揭示历史的伤痛、警惕落后的危机，可以发现自己的缺陷、校正人生的坐标，可以激发心中的勇敢、坚持幸福的守望。我们应该积极继承家书体现的淳正风尚，坚持热爱祖国、相信祖国、献身祖国，做到敢于担当、勤于担当，守望修身正心、齐家正风。我们应大力弘扬优良传统，恪守社会主义核心价值观，从严上要求、向实处着力，使我们无愧于革命先烈、无愧于祖国人民、无愧于光辉伟大的时代。

◇ 丰碑永驻

红色家书 激励后人[①]

陶世安

1840 年鸦片战争以来,神州大地风起云涌,革命风暴此起彼伏。为了反抗外敌和改革现状,中国人民同外国侵略者和本国封建势力进行了英勇顽强的斗争;为了挽救国家和民族危亡,中国的先进分子历经千辛万苦,探索救国救民的真理。1921 年 7 月 1日,中国共产党正式成立,中国革命有了坚强的领导力量,面目焕然一新。从此,在轰轰烈烈的反帝反封建的大革命中、在艰苦卓绝的土地革命时期、在浴血奋战的抗日战争中、在硝烟弥漫的解放全中国的战场,无数共产党人为挽民族危亡而舍生取义,为救民众于水火而抛头洒血,谱写了许多惊天动地、可歌可泣的事迹,留下了丰富的革命文物。这是先烈留下的丰厚的精神遗产,也是中华民族文明链的重要一环。

今天本版刊登的近年来从民间征集来的部分红色家书,就是先辈留下的宝贵的精神遗产之一。捧读这些家书,可以感受到先辈们笔下流出的热血和激情,他们把民族独立、人民解放置于个人、家庭之

《人民日报海外版》,
2011 年 6 月 17 日

---

① 《人民日报海外版》,2011 年 6 月 17 日。

上,表现出英勇无畏的气概和崇高的牺牲精神,谱写出一曲曲雄壮的悲歌;捧读这些家书,一股不可摧折的锐气在字里行间涌出,革命先辈的英雄胆魄、坚毅精神、浩然正气,响遏行云,他们对人民的事业赤诚无比,他们的爱国精神如金石掷地;捧读这些家书,可以看见时代的风雨,感受先辈为实现国家富强、人民幸福不畏艰险、英勇奋斗的心路历程,缅怀先烈业绩,发扬先辈精神,加深对中国社会的认识,激发振兴中华的豪情,坚定走中国特色发展道路的决心。

红色家书是中国近代艰难曲折的历史发展过程的证物,保护好、传承好它们,不仅可以教育后人不忘先辈艰苦卓绝的奋斗历史、珍惜今天来之不易的幸福生活,也使那些诋毁共产党人、否认侵略战争、图谋分裂国土的别有用心之辈不能肆意颠倒是非、任意篡改历史。

红色家书是先辈给予我们的一份厚重财富,从中可以见到他们对革命事业的矢志不渝、对革命理想的坚贞不苟。革命先辈的事迹,我们永志不忘;革命先辈的理想,我们代代承继。今天,虽然世情、国情、党情发生了很大变化,当代共产党人仍然需要以拳拳之心孜孜奋斗,让理想信念的旗帜高高飘扬,为实现中华民族伟大复兴而努力。

红色家书是一个重要的、不可再生的文化资源,是我国文化软实力的重要组成部分。一封家书,一段历史,一封封红色家书见证了光荣而伟大的中国革命史,蕴含了革命前辈不朽的革命精神和高尚的革命情操,是进行革命传统教育、爱国主义教育和社会主义核心价值体系教育的最好教材。加强红色家书的收集、整理、出版,让先辈们的革命精神永留史册,具有重要的意义。没有先辈流血汗,哪有今天的好光景。保存好反映先烈英雄业绩和斗争经历的红色家书,是我们应尽的职责。我们决不能让红色家书湮没在漫漫的历史烟尘中,决不能愧对历史、愧对先烈、愧对后人,一定要克服困难,把这件事办好,以告慰英烈在天之灵,以发扬光大革命先辈的精神,激励着我们勇敢地开创未来。

◇ 丰碑永驻

抗战家书宣传反响热烈①

抢救民间家书项目组委会办公室

由中国国家博物馆、中国民间文艺家协会等单位发起的抢救民间家书项目,目前又获得新的进展。截至 2005 年 9 月 18 日,项目组委会共收到来自海内外的家书近两万封,其中来自民间的抗战家书就有近百封,既有中国共产党领导的八路军、新四军指战员写给家人的信,又有正面战场国民党军队抗日将士的战地家书,也有沦陷区的教员、商人、劳工等普通百姓的心声。

随着国家纪念抗战胜利 60 周年活动的不断升温,这批抗战家书也引起了中央和地方新闻媒体的广泛关注。

2005 年第 7 期《半月谈内部版》"特别报道"专栏刊登了记者王新亚采写的长篇报道《抗战家书:穿越血与火的回忆》,详细介绍了四个人的家书故事。该文的"编者按"是这样写的:"'烽火连三月,家书抵万金'——走进'抢救民间家书'组委会办公室,翻开工作人员精心征集的一封封纸张发黄、字句发烫的抗战家书,那一刻涌上记者心头的感慨,便是这两行每一个普通中国人都耳熟能详的诗句。回望历史,在那外敌入侵、邮路困顿的抗战岁月里,一封通亲情、报平安的家书对一个家庭是何其重要! 家书又是不会说谎的历史文件,这些写于 60 多年前的普通家书,记载了一个个中国家庭在抗战期间所经历的苦难和奋争,它们以朴素的笔触,勾勒出亲情背后的大时代,重现了其他载体无法传达的历史场景。今年是半月谈杂志首次发表这些出自普通中国人之手的抗战家书,以期使人们从中反思战争的罪恶,领悟和平

---

① 载中国家书网(www.jiashu.org),2005 年 9 月 21 日。

的可贵,理性看待友好睦邻背景下的现代中日关系,携手开创更美好的未来。"

这篇报道刊出后,各地报刊、网站纷纷转载,在读者中引起强烈反响。江苏盐城市的读者唐经欧在写给《半月谈》总编室的信中说:"《抗战家书:穿越血与火的回忆》是一份可贵的历史资料,从一个独特的角度反映了日本侵略者给中国带来的灾难和心灵上的痛苦。'乱世做人,简直不是人。'说得何等深刻! 我是那场战争的受害者,祖父和伯父母均死于战乱。我将此文推荐给周围老同志和一些中小学校教师阅读。他们都说这是一篇对青少年开展爱国主义教育活动的好教材。"

《晋致惠》(局部)

8 月 30 日《北京晚报》报道了消息《58 封抗战家书讲述百姓抗战故事》;8 月 31 日,新华社发出专电《百姓家书征集逾 1.5 万封,其中抗战家书感人至深》;9 月 2 日《山东生活日报》推出八个版的《穿越烽火 真情记忆》;9 月 4 日《北京娱乐信报》推出整版《新四军家书让父母成泪人》;9 月 5 日《北京日报》推出整版"特别报道"《六人家书讲述抗战血火》;9 月 15 日,《人民日报》在第九版头条发表重点报道《百姓家书映射抗战烽火》,并介绍了抢救家书的总体情况。这些报道图文并茂,鲜活生动,在全国纪念抗战宣传的大主题中独树一帜,特点突出,引发了读者的强烈共鸣。

9 月 1 日 20 点 35 分,央视三套《文化访谈录》栏目播出了专题节目"烽火家书"。抢救民间家书项目组委会推荐的家书捐赠者胡德新和高御臣作为嘉宾接受了主持人马东的采访。7 月中旬,该栏目编导宋飞来到组委会采访,表示他们想录制一期以抗战家书为主题的访谈节目,请组委会协助提供家书线索和有关捐赠者。

◇ 丰碑永驻

211

2005 年 9 月 2 日晚,《为了正义与和平——纪念中国人民抗日战争暨世界反法西斯战争胜利 60 周年大型文艺晚会》在人民大会堂隆重举行。其中有一个重点节目"将军的家书",在著名书法家杨力舟书写的家书背景前,乔榛、丁建华、濮存昕依次朗诵起《左权将军家书》《左权妻子的信》和《张自忠将军绝笔信》,字字血泪,听者动容。据了解,这是国家级大型晚会首次引进家书形式。

月到中秋分外明,每逢佳节倍思亲。在中秋佳节即将到来之际,抢救民间家书项目组委会给部分家书捐赠者寄送了"慰问信",真诚感谢朋友们对家书活动的大力支持,同时通报了相关家书活动的进展情况。同时,也有许多家书捐赠者打来电话或来信问候。9 月 13 日,组委会收到了家书捐赠者、武汉大学教授张挥侨先生的佳节问候。张先生在精致的贺卡中写道:"盛世修史,备受辛劳,责任重大。它体现着'维系人间亲情,展示人性光辉,记录时代变迁'的崇高宗旨,意义深远。"捧读张先生的来信,组委会工作人员因此增添了更大的信心,下定决心更加努力地工作。

弃教驰疆场　马革裹尸还[①]

——记白湖中心县委委员、宣传部长胡孟晋烈士

郭照东

（一）

胡孟晋，1912 年生于庐江县大烟岗，原名永荣，原字晋之，后改孟晋，以字行。幼年丧父后，与其兄胡永林随母亲钟氏移居舒城县百神庙钟家畈胡村舅舅家居住。

胡孟晋 8 岁时开始读小学，先就读于舒城县私立钟家畈白衣庵初级小学。该校校长左导愚，因此被群众称为"左家学堂"。十二三岁时，考上离家 20 多公里的舒城县县立桃溪高级小学。在校学习勤奋，成绩优异。小学毕业后，考入舒城初级中学。该校又称伏虎寺中学，为辛亥革命老人王仁峰创办，校址位于城南。由于家境贫困，无力负担其完成中学学业，中途以优异成绩考入安徽省立池州（杏花村）乡村师范学校高级师范班。在校求学期间，学习成绩优秀，深得同学拥戴，曾任校刊编辑。

1934 年师范毕业后，胡孟晋回到舒城，在干汊河、百神庙等地创办短期小学，推崇陶行知先生教育思想，倡导"小先生制"，教授白话文，身休力行革除私塾"读死书，死读书"的陋习。他言语不多，但为人正直，待人诚恳，乐于助人。

其兄胡永林的军旅生涯对胡孟晋产生了很大影响。胡永林，1908 年生，

① 中共安徽省委党史研究室编：《红皖英烈》第二卷（抗战部分），中共党史出版社 2015年版，第 283—290 页。标题系收入本书时拟加。

◇
丰碑永驻

在舒城中学读书期间,受民主革命思潮影响,经前清秀才、中国同盟会会员葛苾臣介绍,与葛国钧、李鸿书、王韧千等结伴去广州,考入黄埔军校第3期学习骑兵,曾任国民革命军团长,随部参加北伐战争期间,进军到长江流域。为反对蒋介石叛变革命,率部参加了八一南昌起义,回师潮汕失败后返回家乡隐蔽,1931年在舒城病逝。胡永林壮志未酬,使胡孟晋深受触动,他一边教书,一边密切关注事态发展,探索救国救民之路。

1938年春夏之间,日军大举进犯安徽,实施狂轰滥炸,烧杀淫掠,安徽大部分地区相继沦入日军魔掌,人民惨遭铁蹄蹂躏,挽救民族危亡迫在眉睫,爱国志士奔走呼号,抗日救亡呼声极高,广大热血青年纷纷投入抗战洪流。

日军对舒城实施了野蛮轰炸,炸死居民160多人,炸毁房屋1000多间。6月8日,舒城沦陷,店铺被日军洗劫一空,未及逃走的400多名居民和100多名川军杨森部伤兵被全部屠杀,舒城成为一座死城。而此时,与国民党舒城县政府逃之夭夭相对比的是,高敬亭率领的新四军第四支队主力已东进皖中地区,广泛发动民众开展抗日救亡运动和敌后抗日游击战争。目睹舒城沦陷的惨状、回想兄长从军的经历、耳闻新四军的行动,胡孟晋审时度势,决定放弃维持一家生计的教师职业,毅然选择了坚决抗战的共产党、新四军。为此,他参加了在伏虎寺中学举办的舒城县游击干部训练班。

(二)

1938年夏,胡孟晋与同乡爱国进步青年范达夫、孔祥云、钟建平等,结伴前往六安山旺河,参加新四军第四支队政治部战地服务团,从事民运工作。第四支队虽系初建,装备简陋,但官兵平等,纪律严明,受到人民的拥戴,不仅是敌后抗战的坚强柱石,也是广大人民的希望所在。胡孟晋深为自己成为一名新四军战士感到骄傲。

同年10月,经新四军第四支队政治部战地服务团团长程启文等介绍,胡孟晋加入中国共产党。随后,在党的领导下,他奔波于舒城、庐江、

胡孟晋烈士证明书

无为、桐城、合肥、六安的城乡间,宣传党的抗战主张,组织农民、青年、妇女等抗敌协会等群众救亡团体,发展党领导的抗日游击武装。同年12月底,胡孟晋任第四支队政治部战地服务团民运队第五组组长,随团长程启文、副团长汪道涵东进寿县、肥东、全椒等地。

1939年2月18日,战地服务团到达肥东梁园镇。2月22日,战地服务团到达全椒大马厂。在大马厂,战地服务团稍作休整后,兵分两路,一路由团长程启文率领,前往周家岗和滁县珠龙桥等地发动群众,组织人民抗日武装;一路由副团长汪道涵率领,开赴全椒县城开展统战工作。

2月27日,汪道涵率领胡孟晋、许章启、周启瑞、王渠芳、刘开永、赵永鹗、张轼等7人到达全椒。在全椒县城关,胡孟晋和其他团员,积极协助汪道涵开展国民党上层统战工作和抗日救亡宣传工作。汪道涵利用其父在皖东地区的影响,做国民党全椒县县长汪心森工作,服务团与汪心森建立了良好关系,汪心森主动为服务团安排住处,参加服务团组织的群众集会并讲话,从而使服务团在全椒很快站稳脚跟。4月26日,服务团撤出全椒到周家岗归建。在两个月的时间内,服务团在全椒城组织了3次群众集会,宣传抗战形势,讲解中国共产党和新四军的抗日主张,得到群众特别是爱国青年的拥护。同时,胡孟晋等人还因势利导,在全椒成立青抗会、妇救会等群众组织,发动群众为前线筹粮筹款,解决了新四军第四支队的部分物资供给难题。①

同年7月,新四军第五支队成立,胡孟晋任支队司令部秘书,跟随罗炳辉司令、郭树声(述申)政委转战淮河以南之津浦铁路东西两侧,开展敌后抗日游击战争。

胡孟晋在淮南坚持发动广大民众开展抗日

1939年夏,新四军第五支队领导人罗炳辉(右二)、郭述申(左一)、周骏鸣(右一)、张劲夫合影

① 吴炎武、孙明开编著:《皖东革命斗争史》,安徽人民出版社2007年版,第131—135页。

◇ 丰碑永驻

斗争的同时，也关注着家乡舒城。他多次通过家书动员、支持妻子张惠组织、参加妇女抗敌协会，开展抗日救亡工作。1939 年 11 月，他返乡探亲时，还为妻子撰写了《妇女抗敌协会讲演词》《讲演注意事项》，鼓励张惠以讲演等方式，向广大妇女宣传"皮之不存，毛何附焉?""国之不存家何在?"的道理，使她们冲破封建传统束缚，以实际行动支持丈夫、儿子投身到抗日斗争中去，早日把侵略者赶出中国。在胡孟晋的教育、影响下，张惠思想进步很快，面对国破家亡，她深明大义，不仅自己全力支持丈夫投身抗日，还带动和影响了一批妇女走出家门，为家乡的抗日斗争作出了不懈努力，受到家乡妇女的称赞。

淮南抗日根据地成立前夕，为开辟津浦路东抗日游击根据地，六合县委书记黄国华接任胡孟晋任五支队司令部秘书，胡孟晋奉命由部队转到地方，随汪道涵到嘉山、来安边界地区开展党的秘密工作，在张铺郢、自来桥、复兴集、仇集等地发动群众，发展党的组织。其间，在来安县复兴乡张铺郢，他们发展了宋再潮、杨如新、汪传胜、胡道胜等人加入中国共产党，并成立中共张铺郢支部，黄子仁任书记。

1940 年 4 月初，中共嘉山县委成立，隶属皖东津浦路东省委领导，江平秋任县委书记，县长汪道涵等任县委委员，胡孟晋任县委秘书。县委工作机构仅设组织部，下辖 4 个区委。同年八九月间，日伪军实施大"扫荡"后，嘉山县抗日民主政权实际控制的面积缩小，嘉山县委改为嘉山县工委，下辖自来桥区委、乌鲁区工委以及自来桥乡、三官乡、乌石山乡、鲁山乡（胡坦任总支书记兼乡长）、涧溪乡 5 个总支，胡孟晋任自来桥区委书记，直至同年底。其间，胡孟晋为嘉山、全椒地方党组织的建立和抗日民主政权的巩固做了大量工作，也为新四军主力挺进路东、开辟路东抗日游击根据地打下了一定的群众基础。

（三）

为坚持皖江地区的抗日斗争，巩固和发展以无为为中心的皖江抗日民主根据地建设，1943 年 1 月，华中局决定，由淮南区党委抽调部分干部支援皖江。根据党组织安排，胡孟晋随张恺帆从淮南调往皖江，协助张恺帆等在极其复杂的巢湖以东地区(巢湖、无为、庐江、桐城边区)开展工作。

同年2月,抗日根据地实行一元化领导时,由于无为五区地域宽阔,是中心区向南、向西发展的重要通道,且为日、顽、我三方争夺较为激烈的地区。为加强对这一地区的控制,中共沿江地委决定成立中共(无为)五区工委,直属沿江地委领导。胡孟晋任工委书记兼组织部长。工委机关驻湖陇一带,下设组织部、宣传部、政权部和敌工大站,下辖横山、洪巷、湖陇3个区委,仰烽、叶小芳任横山区委书记、副书记,金光华、仰柱任洪巷区委副书记,王光钧兼青冈区委书记,谢光辉、洪啸分任洪巷区委书记、副书记,沙德轩任湖陇区委书记。1944年下半年,洪巷、湖陇区委合并,仰柱为负责人。胡孟晋领导的五区工委在极其复杂的环境下积极发展党的组织,机动灵活地开展对敌斗争。

1943年秋,白湖中心县委成立,桂林栖、何泽洲曾任中心县委书记或代理书记,蒋天然曾任副书记,设组织部、宣传部、军事部和敌工大站,沈鹰曾任组织部长,桂林栖、后奕斋曾兼任宣传部长,1945年胡孟晋接任中心县委委员、宣传部长,蒋天然曾兼任军事部长,中心县委领导湖东及舒城、庐江、桐城一带的党组织,下辖尚礼、临泉、关河、槐林4个区委和(无为)五区工委、舒(城)庐(江)桐(城)县委等。其间,1943年至1945年春,胡孟晋任中共(无为)五区工委书记兼组织部长,抗战胜利前任中共白湖中心县委委员、宣传部长。

巢湖以东地区是皖江抗日根据地通向皖西大别山的门户,同日、伪、顽的斗争极为复杂、激烈,尤其是长期与国民党顽固派广西军第138师第527、第528团作斗争。在这种险恶紧张的"三角"斗争环境中,胡孟晋总是紧紧依靠广大人民群众,临危不惧,坚定沉着地坚持这一地区的斗争,至今仍为人民群众所怀念与敬佩。但长期的艰苦生活和险恶环境,使胡孟晋染上了肺病。他带病坚持工作,直到迎来抗日战争的最后胜利。

(四)

按照国共两党达成的"双十协定",1945年秋,新四军第七师和皖江区党委奉命北撤,胡孟晋随军撤至苏北,在清江(今江苏省淮安市)郊区开展群众工作。苏皖边区政府成立后,他被任命为边区政府教育厅干部科科长,兼边区政府直属机关党总支书记。

位于江苏省淮安市的苏皖边区政府旧址

1946年,蒋介石背信弃义,撕毁"双十协定",围攻中原解放区和进攻苏皖边区,形势日趋紧张。由于生活异常艰苦,加之缺医少药,胡孟晋肺病加重,但他仍顽强地带病坚持为党工作。党组织和同事们关心他的身体健康,他总是乐观地对大家说:"我没有什么问题。"同年9月,国民党军大举进犯苏皖边区首府清江,中共华中分局和边区政府后方机关决定北撤,胡孟晋因病被临时安置在阜宁县季策家中休养。涟水保卫战期间,他随军北移鲁中沂水金泉区曲家洞休养。1947年2月,国民党军重点进攻山东时,又随队北渡黄河,和华中分局后方机关辗转跋涉至冀南故城县四区响水村。因随部队辗转转移,居无定所,解放区缺乏根治肺病的特效药,胡孟晋病情不断恶化,1947年7月22日在故城病逝,年仅35岁。华中分局驻冀后方机关为他立碑纪念。

1949年夏,舒城解放后,经过舒城县人民政府批准,胡孟晋亲属将其遗骸由河北故城县运回家乡舒城县百神庙钟家畈安葬,舒城县人民政府为胡孟晋立了烈士纪念碑。当年 12 月 1 日,皖北人民公署评定胡孟晋为烈士。2015 年 4 月 1 日,民政部换发《烈士证明书》。

改革开放后,随着党史、新四军军史研究的深入和开展,胡孟晋烈士的事迹陆续零散见于书刊。2005 年,在纪念抗战胜利 60 周年之际,胡孟晋烈士家书由其战友、内弟张轼开始整理、发表后,烈士事迹受到媒体的广泛关注,中央电视台和《人民日报》《解放军报》《半月谈内部版》《中国经济时报》《北京晨报》《新民晚报》

位于安徽省舒城县烈士陵园的胡孟晋烈士墓碑("1902"应为"1912","1946"应为"1947")

以及由中国国家博物馆等单位联合发起的"抢救民间家书"组委会等对其进行了广泛深入的宣传报道。

2009 年 10 月,蚌埠市新四军历史研究会、中共蚌埠市委党史研究室系统整理和编辑刊印了《胡孟晋烈士抗战家书》。2015 年清明节,中央电视台《重读抗战家书》栏目组,赴蚌埠采访录制了专题节目。

◇ 丰碑永驻

烈士胡孟晋的致妻家书①

彭劲秀

胡孟晋烈士,原名永荣,原字晋之,后改孟晋,以字行。安徽舒城县人。1912 年出生,8 岁就读于舒城县私立钟家畈白衣庵初级小学。后考上舒城县立桃溪高级小学,学习勤奋,成绩优异。毕业后入舒城中学,后考入安徽省立池州师范学校(高级师范班),在校期间曾任校刊编辑。1936 年毕业回舒城,在干汊河、百神庙等地办学,推行陶行知先生教育思想,倡导白话文,对农家子弟开展文化启蒙教育。

胡孟晋在池州师范读书时,经朋友介绍认识了张惠,两人情投意合,一见如故,不久成婚。胡孟晋性格沉稳,温文尔雅,为人坦诚;张惠性格外向、豁达大度,为人直率。二人性格刚柔互补,感情甚笃。

1938 年 5 月,在日本侵略者的铁蹄践踏江淮大地的危难关头,26 岁的胡孟晋毅然决定投笔从戎,他与范达夫、孔祥云、钟建平等人结伴前往六安参加新四军四支队政治部战地服务团,从事民运工作,宣传抗日。10 月,加入中国共产党,随军东进寿县、肥东、全椒等地。在全椒县协助汪道涵同志开展统战工作,组织群众救亡团体,成绩卓著。1939 年 7 月,新四军第五支队成立,胡孟晋任支队司令部秘书,跟随司令罗炳辉、政委郭述申转战于淮南津浦铁路一带。1940 年 4 月,胡孟晋任中共嘉山县委秘书,1943 年任中共(无为)五区工委书记兼组织部长,后任中共白湖中心县委宣传部长。

胡孟晋忠心耿耿,不怕牺牲,为了打垮日本侵略者,实现中华民族的解

---

① 《党史纵览》,2013 年第 9 期。

放,他早已将个人的生死置之度外。部队需要他,他就随部队冒着枪林弹雨,转战各地;地方需要他,他就在地方从事党的工作,建立抗日民主政权。江淮大地,到处留下他深深的足迹。

国家兴亡,匹夫有责。胡孟晋深知,抗日救国是中华民族的共同责任,每个人都要贡献力量。所以,他不仅自己投笔从戎,而且动员、鼓励亲友和广大民众勇敢地投身到抗战的斗争中去。1939年秋,他在回家探亲的假期中,不仅在家乡积极宣传抗日,而且鼓励妻子走出家门,参加抗日工作。在即将离家重返前线时,胡孟晋在家里精心为妻子张惠草拟了一份《妇女抗敌协会讲演词》。

为了让妻子的讲演成功,取得最佳效果,胡孟晋还根据自己从事群众宣传工作积累的经验,细致入微地在讲演词后附了"讲演注意事项":

(一)首先要知道会场上各种人或团体,如有工作团或乡长、保长,其他参加的人等,开口称呼:各位工作团同志,为乡长,各位保长,各位来宾,各位妇女同胞……

注:各位、诸位,是指二个以上,多数人之称,只有一个乡长或一个保长,只能称某乡长,某保长。

(二)说话要明白清楚,要慢点,不要太快。声音不要太高,也不要太小,重要处声音宜高点。一句句的说,不要太急。

(三)目光要注意全场,不要对某一处望。

(四)态度宜和蔼,说到乐的地方要表示快乐,悲的地方要悲,才能感动人。

(五)不要怕丑,不要慌,胆子要放大。常说话就好了。

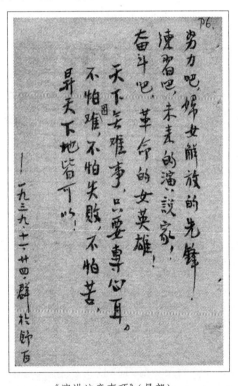

《演讲注意事项》(局部)

（六）要一句句的说话式的，不要像背书式的。

（七）说话不要太长，重要的、要紧的说。

（八）听人说的事，可以发挥自己意见。

（九）说话时可举例子比譬，可引古语或俗语，或文句故事来说。

如说到日本奸掳烧杀事，可说出真事实来。

又如说："八十岁老妈砍黄稿……"送丈夫从军。

又如"木兰从军"故事等。

凡事与讲演时有关系的事或文句或古语，均可引出。

（十）未讲演之前要先预备材料，先预备一个题目，然后再预备第一段说甚么，第二段说甚么，末尾说什么。例如讲：日本为甚么侵略中国，然后就预备材料：

第一段说：日本是帝国主义，必须向外侵略……

第二段：中国是物产丰富，又是个弱国……

……

末尾段：中国四万万人团结起来武装起来打日本……

（十一）自己练习：初讲时私下多练习，在自己的屋内作会场，屋内东西当作许多人，站立着讲，就如开会时讲一样，多多练习，到正式开会时就能说了。

以上十一点是说个讲演大概，如能将以上都做到，再看人讲演，学人家的长处，去自己的短处，多多练习，多多听，大胆的讲，将来可成为演说家了。

努力吧，妇女解放的先锋！

练习吧，未来的演说家！

奋斗吧，革命的女英雄！

天下无难事，只要专心耳。

不怕困难，不怕失败，不怕苦，

升天下地皆可以！

胡孟晋的思维如此缜密，虑事如此精细，对妻子演讲的每一个细节都考虑得如此周全，真不愧是一位难得的好丈夫、好老师、好引路人！

1939年11月28日，胡孟晋结束假期重返前线，临别时给妻子张惠又留下一封情真意切、感人至深的信：

最亲爱的惠呵，我们又要离别了！当你听了离别的声音，或者不高兴吧！亲爱的！谁不愿骨肉的团聚，谁不留恋家庭的甜蜜，要知道国家民族重要，个人前途重要，因此又要别离亲人，而远赴他乡了。

为了你的寂寞，为了你的思念，千里外的我，暂时停了救国的工作，越津浦跨淮南，到达别离一载的故乡来。

二月来的团聚欢谈，畅言国事，解释问题，你的政治水准提高了，民族意识加强了，革命的阵营中，增加一位健将了。

畸形发展的中国，教育不普及，人民的知识简单，而妇女尤甚，只要家而不顾国。大难当头，应踊跃赴前线杀敌，而妇女们阻碍其夫或其子之伟志。希望你将无知识的妇女组织起来，宣传和教育她们，使伊等知道"皮之不存，毛何附焉？""国之不存家何在？"使她们不致含泪终日，倚门遥望前线上的夫、子早日归来呢！（望胜利归来）

惠，最亲爱的人，你是妇女中的先进者，对于我这次的外出，请不要依恋。要知道你爱人的走，不是故意的抛弃你，而是为着革命，为着独立自由幸福的新中国而努力奋斗的啊！

家庭经济之困难，生活之痛苦，我是深知的。要革命成功，须经过困难艰苦的阶段，当此环境中是要立定脚跟，具坚强之意志，任何之外诱，不可动摇的。"国危见忠臣"，在困难中锻炼成真正的革命者啊！

"富贵反多忧"，钱是要人用，不要给钱用了人。在此抗战时多少富翁成寒士，由此看来金钱不足恃也。对于穷人要客气，要同情他。对富人也要与对普通人一样，对于守财奴，少与之来往，因为他只认钱，不认人。这些人不要看起他，但与之面子往来而已。

惠呵，我们要认清时代，当此革命时期，家庭衣食可维持就够了，不要有其他念头。要知道整千整万的难民，千百万的劳苦大众，生活是多么的痛苦呵！人生是要作伟大事业，而不是做了金钱的奴隶呵！太看金钱重的人是最污脏的，不要与之往来。

爱人呵，你在无事的时候，多多阅读书报，可使你知识进步，多多想工作的方法，切不要空想，也不要太挂念在外的我，劳神伤身，于事无益。好好教养二个小孩,切忌打骂。处家事,对外人,言语态度等事,可参考我的日记和通信,要切实的做,不然我的心思枉费了。请你真正的做吧。否则,太对不起在外的人呢!

最亲爱的人,你不要太念我,你的厚情我是知道的,我不是个薄情的人,请你放心,决不辜负你的热情呵!

在外的我,身体自知珍重,一切当知留心,请你安心在乡努力妇女解放的事业成为女英雄,我在外对革命之伟业亦更加努力呵!别了,别了!

张惠没有辜负丈夫的期待。据张惠的弟弟、新四军老战士、胡孟晋烈士的生前战友、离休干部张轼同志介绍,张惠按照丈夫的嘱托,积极投身于家乡的"妇女抗敌协会"的组织工作。在胡孟晋烈士逝世后又将几个孩子抚养成人,使他们继承父亲的遗志,在不同的岗位上为党和人民的事业做出了各自的贡献。

"无情未必真豪杰,怜子如何不丈夫?"胡孟晋毅然离家投身于抗日战争的烽火之中,日夜思念家乡的亲友、爱妻和幼子,当时唯一的办法只有经常写信,表达自己的牵挂。

张惠的生日是农历正月初一,在一封信中,胡孟晋写道:

"谈起过年,我又想起正月初一是新年,而又是我的爱人的生日,千里之外的我,没有甚么礼物送给你,更不能亲来拜年,实在是对不起我的爱妹。但是没有办法,只好写这封信寄来。"

在另一封信中,胡孟晋饱含深情地安慰妻子,表达自己对美好未来的向往:

"你的玉音收到,快乐异

《晋致惠》(局部)

224

常，饭也多吃些，做起事来也有精神了，你真是我的精神上唯一的安慰者了。

我亲爱的人，什么时候都记得你，你的一切令人爱之不忘呵！……

虽然身在两地，别有一番相(想)念，但会面良辰并不远，光明已现曙光，快乐即在前面。亲爱的，待我俩握手言欢吧！

最亲爱的，请你不要等得发急了呵，路是越走越近了，事是越做越好的，快乐幸福的日子，很快的到临了，看吧！太阳在东山像(向)人们喜洋洋的招手了，我们快乐享受，陶醉它的怀抱吧！"

当时，张惠和婆婆在家带着两个孩子(第三个孩子尚未出生)，生活的艰难困苦是可想而知的。胡孟晋在一封家信中，嘱咐妻子："乡里捐费重，可与保甲长谈，不能以田地来出费，常年费不能太重，可与之好好说……明春吃粮不够，可向道衡先生借点……"

在这封信中，胡孟晋鼓励妻子不要被困难吓倒，"当你接到这封信时，也许是忙着过旧年了，你不要因为你的爱人不在家，而你不忙着过年，亲爱的人，请你还要振起精神来忙年吧！过年时多办点菜物、糖果等，不然，小孩子们是真苦了！……你同小孩们也应穿花花的，很快乐的过年吧！不要因我不在家而你们也不过年了，亲爱的！来日方长，将来过年的时候多着呢！何况不在家过年的人很多呢，谁没有家室？谁没有爱妻爱子呢！"

1941 年 1 月 4 日，国民党顽固派突然发动了震惊中外的皖南事变，局势骤然紧张起来。

据张轼回忆，胡孟晋所在的新四军江北部队立即陷入了前所未有的困境，"又要和日本人打，又要和汉奸打，又要和国民党打，随时随地都要准备战斗。"不仅如此，胡孟晋在国统区家乡的亲属也承受了巨大的压力。"国民党保甲长三天两头找张惠，要她把胡孟晋叫回来，参加国军。张惠只能东躲西藏，与那些人周旋。见到保甲长从前门来了，就从后门逃走。"这期间，胡孟晋与张惠及其他亲友之间通信均采用化名。他在一封询问家中情况的信中写道：

桃园先生(化名)鉴：

前次上二信，不知收到否？

至今未见回信，我家亦没有回信，不知是何原因，是邮路之误，还是有不测之事呢？请先生通知我家速写信来,即有不测之事亦请先生告知我为盼!

回信地点:无为县严家桥。诸亲友请代问安。

1944 年,张轼的大哥病故,张轼的母亲在不得已情况下,想将张轼找回家。但她无法与张轼联系,于是托张惠给胡孟晋写信,要胡孟晋转告张轼,见信后立即回家。

胡孟晋接信后,并没有告诉张轼,而是直接以张轼的名义给张母回了一封信,告诉老人:若儿回家"要等待国运好转,民解倒悬的年头"。并安慰她,这个愿望的实现已为期不远了,因为"近阅报载,意(大利)国已无条件投降,日军末日想亦可见。胜利时间迫近,不独国家幸运,惟请大人等不可过急。"

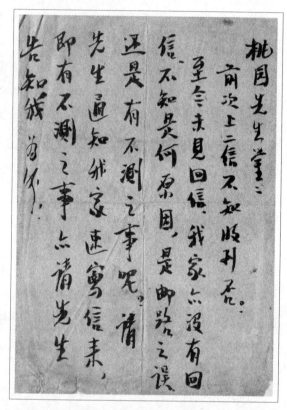

《昶君致桃园先生》(局部)

胡孟晋也一直没有将此事告知张轼。张轼是 2004 年才从张惠口中得知此事的。张轼说:"这信写得好,我知道也会这么写的。"

抗战胜利后,胡孟晋随新四军北撤。此后,他又带病投入打倒蒋介石、建立新中国的解放战争。由于战地条件艰苦,缺医少药,不久他的病情恶化,1947 年 7 月 22 日,胡孟晋逝世于河北,年仅 35 岁。

1949 年夏,张惠将丈夫的遗骨运回舒城百神庙舒平村安葬。1985 年,舒城县人民政府为胡孟晋墓立碑,该墓现为百神庙镇爱国主义教育基地。每年清明,当地的青少年学生都到胡孟晋烈士的墓前悼念,表达晚辈对先烈的崇敬和缅怀之情。

胡孟晋烈士生前与爱妻张惠的家书饱含着对国家、人民的满腔忠诚和对爱妻、幼子的无限深情,读之感人至深,催人泪下。2011 年,在迎接建党 90 周年和红军长征胜利 75 周年时,半月谈网特别推出"红色家书叙党史"系列策划,胡孟晋与爱妻张惠的"辞别书"被选入其中。人们从烈士生前家书的字里行间感受到烈士那如火的丹心和似水的柔情,思想境界和感情也随之得到净化和升华。

◇ 丰碑永驻

胡孟晋家风:"舍小家,顾大家"①

郭照东

原　文:

　　最亲爱的惠呵,我们又要离别了!当你听了离别的声音,或者不高兴吧!亲爱的!谁不愿骨肉的团聚,谁不留恋家庭的甜蜜,要知道国家民族重要,个人前途重要,因此又要别离亲人,而远征他乡了……

　　畸形发展的中国,教育不普及,人民的知识简单,而妇女尤甚,只要家而不顾国。大难当头,应踊跃赴前线杀敌,而妇女们阻碍其夫或其子之伟志。希望你将无知识的妇女组织起来,宣传和教育她们,使伊等知道"皮之不存,毛何附焉?""国之不存家何在?"使她们不致含泪终日,倚门遥望前线上的夫、子早日归来呢!

(望胜利归来)

　　惠,最亲爱的人,你是妇女中的先进者,对于我这次的外出,请不要依恋。要知道你爱人的走,不是故意抛弃你,而为

《辞别书》(局部)

---

　　① 中共合肥市瑶海区纪律检查委员会、区委宣传部(文明办)编:《皖风徽训——皖籍名人家风建设读本》,北京时代华文书局 2017 年版,第 204—210 页;《蚌埠党建》,2017 年第 2 期。

着革命,为着独立自由幸福的新中国而努力奋斗的啊!

家庭经济之困难,生活之痛苦,我是深知的。要革命成功,须经过困难艰苦的阶段,当此环境中是要立定脚跟,具坚强之意志,任何之外诱,不可动摇的。"国危见忠臣",在困难中锻炼成真正的革命者啊……

爱人呵!你在无事的时候,多多阅读书报,可使你知识进步,多多想工作的方法,切不要空想,也不要太挂念在外的我,劳神伤身,于事无益。好好教养二个小孩,切忌打骂,处家事,对外人,言语态度等事,可参考我的日记和通信,要切实的做,不然我的心思枉费了,请你真正的做吧。否则,太对不起在外的人呢!

最亲爱的人!你不要太念我,你的厚情我是知道的,我不是个薄情的人,请你放心,决不辜负你的热情呵!

在外的我,身体自知珍重,一切当知留心,请你安心在乡努力妇女解放的事业成为女英雄,我在外对革命之伟业亦更加努力呵!别了!别了!此致

敬礼!

(民国)廿八、十一、廿八,群于舒百

注 释

胡孟晋(1912—1947),生于庐江县大烟岗,原名永荣,原字晋之,后改孟晋,以字行。幼年丧父后,与其兄胡永林随母亲钟氏移居舅舅家舒城县百神庙镇钟家畈胡村。青少年时期,先后求学于辛亥革命老人王仁峰创办的舒城初级中学(又称伏虎寺中学,今舒城中学)和安徽省立池州(杏花村)乡村师范学校高级师范班,开始阅读进步书刊,接受革命理论。1934 年毕业后回到舒城,在干汊河、百神庙等地创办短期小学,推崇和践行陶行知先生教育思想,倡导"小先生制",教授白话文,给沉闷乡村带来清新之风。胡孟晋深受毕业于黄埔军校第三期、参加八一南昌起义、曾任国民革命军团长的胞兄胡永林影响,胡永林虽因病早逝而壮志未酬,但这不仅为胡孟晋打开了了解世界的视野,也在其心中埋下了从军报国的种子。抗战全面爆发后,中华民族濒临危亡。日军在舒城的烧杀淫掠,激发了胡孟晋"国危见忠臣"的担当

意识,他决定弃教从戎,奔赴抗日第一线。1938年5月,胡孟晋前往六安山旺河,加入新四军第四支队政治部战地服务团,开展民运工作。当年10月,经战地服务团团长程启文介绍,胡孟晋加入中国共产党,开始成为一名职业革命者。在党的领导下,他奔波于舒城、庐江、无为、桐城、合肥、六安城乡,宣传党的抗战主张,组织农民、青年、妇女等群众性救亡团体,发展党领导的抗日游击武装。翌年初,在副团长汪道涵率领下,奔赴皖东全椒等地,发动群众筹粮筹款支援新四军抗战。1939年7月,新四军第五支队成立,胡孟晋任支队司令部秘书,跟随司令员罗炳辉、政委郭树声(述申)转战津浦铁路两侧,开展敌后抗日游击战争。为开辟津浦路东抗日游击根据地,胡孟晋奉命由部队转到地方,随汪道涵到嘉山、来安等地发动群众,开展党的秘密工作,发展党的组织。1940年4月,中共嘉山县委成立,嘉山县抗日民主政府县长汪道涵等任县委委员,胡孟晋任县委秘书,后任自来桥区委书记,为皖东地方党组织的发展和淮南抗日根据地的创建做出了开创性贡献。身处抗日前线的胡孟晋,还时刻关注着家乡舒城,他多次通过家书动员、支持妻子张惠参加、组织抗日救亡工作。这封家书就是他1939年11返乡归队前夕为妻子撰写,同时还

位于今明光市自来桥镇的嘉山县抗日民主政府旧址

书写了《妇女抗敌协会讲演词》《讲演注意事项》,鼓励张惠以讲演等方式,向广大妇女宣传"皮之不存,毛何附焉?""国之不存家何在"以及正确处理"小家"与"大家"关系的道理。为巩固和发展以无为为中心的皖江抗日根据地建设,遵照华中局决定,1943年初胡孟晋随张恺帆从淮南调往皖江,先后任中共(无为)五区工委书记兼组织部长和中共白湖中心县委委员、宣传部长等职,协助桂林栖、何泽洲、蒋天然等在极其复杂的巢湖、无为、庐江、桐城边

区开展党的隐蔽斗争。长期的艰苦生活和险恶环境,使胡孟晋染上了肺病。抗战胜利后,胡孟晋随奉命北撤的新四军第七师和皖江区党委撤至苏北,曾任苏皖边区政府教育厅(或民政厅)干部科科长兼边区政府直属机关党总支书记,仍坚持带病为党工作,于1947年7月22日病逝于冀南故城,舒城解放后被批准为革命烈士。胡孟晋烈士抗战家书是不可多得的革命文物、珍贵的文献史料和开展爱国主义教育的活生生教科书,2009年《胡孟晋烈士抗战家书》刊印,《人民日报》《解放军报》、中央电视台、《半月谈》对胡孟晋烈士事迹及其抗战家书进行了广泛报道。"笃学修行,不坠门风",胡孟晋烈士"舍小家,顾大家"的家风业已成为当今激励人、塑造人、培养人的无言之证和力量之源。

　　张惠(1915—2014),原名崇楣,出生于乡村知识分子家庭。1935年与胡孟晋结婚后,受其夫影响,思想进步,深明大义,敢作敢为,是一个非同寻常的乡间女子。舒城沦陷后,面对上有需要侍奉的婆母、下有需要养育的两个嗷嗷待哺幼子,她支持丈夫放弃维持一家生计的教师职业,毅然送夫参加新四军。她不仅担负起养家糊口的责任,支持丈夫全力投身抗日,在丈夫的教育、鼓励下,还冲破封建传统的束缚,勇敢走出家门,现身说法地动员妇女、儿童组织起来,以演说、演出、结干亲等形式开展抗日救亡工作,动员大家"舍小家,顾大家",做到"有钱出钱,有力出力",掀起了家乡妇女送夫送子上前线的高潮,成为当地抗日救亡活动中的女中豪杰、巾帼英雄,受到家乡妇女的称赞。皖南事变后,国民党顽固派掀起反共高潮,张惠被称为"匪属",逼其写信动员丈夫"回家",张惠不得不带着孩子东躲西藏,偶尔鸿雁传书也只好使用化名。在地下党员的接应下,1943年,他们母子几经辗转至无为,一家得以团圆,过上了一段颠沛流离的游击"随军"生活。不久,随着三子的出生,为不牵累丈夫,她只身带着三个孩子回到家乡。不料,这竟成为永别。舒城解放后,经多方查找才获悉丈夫已经牺牲的噩耗,在弟弟陪同下,自带干粮,日夜兼程,不远千里,用一床棉被将烈士遗骸背回家乡安葬。面对与丈夫牺牲和家庭窘境,她擦干眼泪,把丈夫遗墨层层包裹塞入墙缝收藏,将家书视为精神支柱,默默撑起家庭重任,2014年以百岁高龄仙逝。好家风才能培养好人才。三个孩子在她的养育下,传承"舍小家,顾大家"的家风,在各自行业成长、成才，两人走上厅级、一人走上正处级领导岗位，都为完成烈士的遗愿而接力前行。

链　接：

致母亲（1944 年 10 月 15 日）

母亲大人膝下敬禀者：顷奉

大人八月中旬一札，敬悉一切。所言亢哥已逝与楣姐信息□，至于促男归舒，诚令男苦思久矣。溯自离乡六七年，虽乐得个人自数，然并未习得任何技能，又何颜以持撑家务？何况乎近年来病魔纠缠贱身，要等待国运好转，民解倒悬的年头。然为期已不在远了。近阅报载，意国已无条件投降了，日军末日想亦可见。胜利时间迫近，不独国家幸运，亦即我家之幸运，惟请大人等不可过急。敬请

康安

男　张崇栻谨上

十、十五

体　会：

这封信是保存下来的胡孟晋 15 封家书中的另一封特殊家书，系胡孟晋借内弟、战友张轼（张崇栻）名义写给岳母（即张轼母亲），地点在皖江抗日根据地的中心区无为。

作者为内弟代写这封家信的原因有二：一是岳母长子张亢病故，她急盼在外从戎的四子张轼（张崇栻）返家"持撑家务"；二是老人只知道受女婿胡孟晋的影响，张轼也加入新四军，但并不知晓女婿胡孟晋已由淮南地区转战于第七师活动的中心区无为，而张轼随第二师仍战斗在定远，遂请人写信由胡孟晋代转张轼。为了减轻老人的思子之苦，胡孟晋假借内弟之名代写了这封回信。

胡孟晋代笔的这封家书，说理充分，情理交融。信中，先是以"并未习得任何技能"，且"病魔纠缠贱身"等托词为由，婉言拒绝了母亲"促男归舒（城）"以回家"持撑家务"的要求。为了安慰望眼欲穿的母亲，信中预告儿

子回乡的日子"为期已不在远了"。因为"近阅报载",在欧洲反法西斯战场,德意日法西斯轴心国之一的"意国(意大利)已无条件投降了",在东方抗日主战场中国的"日军末日想亦可见",中国人民取得抗日"胜利时间迫近",这"不独国家幸运,亦即我家之幸运",给母亲捎去了"不可过急"的丝丝安慰。

信中,"国运好转,民解倒悬"令人振奋,不仅表达了作者对取得抗日战争胜利充满了必胜信心,更抒发了作者对中国共产党领导人民推翻三座大山、憧憬"独立自由幸福新中国"诞生的雄心壮志!

家是最小国,国是千万家,抗战家书见证了烽火连天抗战年代的家国情怀;舍小家,顾大家,更成为一代又一代共产党人弘扬革命烈士精神而践行党的宗旨自觉行动。

红皖家书：胡孟晋家书两封①

郭照东

胡孟晋(1912—1947)，原名永荣，原字晋之，后改孟晋，安徽庐江人。幼年丧父后，随母移居外婆家舒城县百神庙镇。1934年毕业于安徽省立池州(杏花村)乡村师范学校高级师范班后，在舒城干汊河、百神庙等地教书。1938年夏，弃教从戎参加新四军第四支队政治部战地服务团，曾任服务团民运队第五组组长。10月，加入中国共产党。1939年7月，任新四军第五支队司令部秘书，跟随司令员罗炳辉转战淮河以南津浦铁路东、西两侧，开展敌后抗日游击战争。1940年初，奉命随汪道涵到嘉山、来安等地发动群众，发展党的组织，任中共嘉山县委秘书，兼任自来桥区委书记。1943年，随张恺帆由淮南支援皖江，曾任中共(无为)五区工委书记兼组织部长、中共白湖中心县委委员、宣传部长。

抗战胜利后，随新四军第七师和皖江区党委北撤至苏北，在清江(今江苏省淮安市)郊区开展群众工作，曾任边区政府教育厅干部科科长兼边区政府直属机关党总支书记。1946年9月，随部队辗转跋涉到冀南故城县。1947年7月病故。新中国成立后，被批准为革命烈士。

最亲爱的惠呵，我们又要离别了！当你听了离别的声音，或者不高兴吧！亲爱的！谁不愿骨肉的团聚，谁不留恋家庭的甜蜜，要知道国家民族重要，个人前途重要，因此又要别离亲人，而远征他乡了。

---

① 中共安徽省委党史研究室编：《红皖家书》，安徽人民出版社2016年版，第143—151页；节选收入中共安徽省委党史研究室编：《红皖撷英》，2017年第10期(总第70期)。

为了你的寂寞，为了你的思念，千里外的我，暂时停了救国的工作，越津浦跨淮南，到达别离一载的故乡来。

二月来的团聚欢谈，畅言国事，解释问题，你的政治水准提高了，民族意识加强了，革命的阵营中，增加一位健将了。

畸形发展的中国，教育不普及，人民的知识简单，而妇女尤甚，只要家而不顾国。大难当头，应踊跃赴前线杀敌，而妇女们，阻碍其夫或其子之伟志。希望你将无知识的妇女组织起来，宣传和教育她们，使伊等知道"皮之不存，毛何附焉？""国之不存家何在？"使她们不致含泪终日，倚门遥望前线上的夫、子早日归来呢！（望胜利归来）

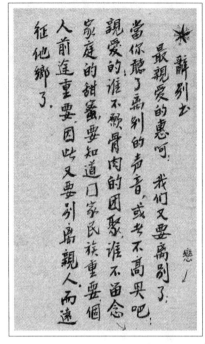

《辞别书》（局部）

惠，最亲爱的人，你是妇女中的先进者，对于我这次的外出，请不要依恋。要知道你爱人的走，不是故意抛弃你，而是为着革命，为着独立自由幸福的新中国而努力奋斗的啊！

家庭经济之困难，生活之痛苦，我是深知的。要革命成功，须经过困难艰苦的阶段，当此环境中是要立定脚跟，具坚强之意志，任何之外诱，不可动摇的。"国危见忠臣"，在困难中锻炼成真正的革命者啊！

"富贵反多忧"，钱是要人用，不要给钱用了人。在此抗战时多少富翁成寒士，由此看来金钱不足恃也。对于穷人要客气，要同情他。对富人要与对普通人一样。对于守财奴，少与之来往，因为他只认钱，不认人。这些人不要看起他，但与之面子往来而已。

惠呵，我们要认清时代，当此革命时期，家庭衣食可维持就够了，不要有其他念头。要知道整千整万的难民，千百万的劳苦大众，生活是多么的痛苦呵！人生是要作伟大事业，而不是做了金钱的奴隶呵！太看金钱重的人是最污脏的，不要与之往来。

◇ 丰碑永驻

235

爱人呵！你在无事的时候，多多阅读书报，可使你知识进步，多多想工作的方法，切不要空想，也不要太挂念在外的我，劳神伤身，于事无益。好好教养二个小孩，切忌打骂。处家事，对外人，言语态度等事，可参考我的日记和通信，要切实的做，不然我的心思枉费了。请你真正的做吧。否则，太对不起在外的人呢！

最亲爱的人！你不要太念我，你的厚情我是知道的，我不是个薄情的人，请你放心，决不辜负你的热情呵！

在外的我，身体自知珍重，一切当知留心，请你安心在乡努力妇女解放的事业成为女英雄，我在外对革命之伟业亦更加努力呵！别了！别了！此致

敬礼

（民国）廿八、十一、廿八，群于舒百

解　读：

这封信写于 1939 年 11 月 28 日，地点为作者胡孟晋烈士的家乡安徽省舒城县百神庙。此前，胡孟晋自津浦路东抗日根据地回家探亲，与亲人团聚。结束两个月的休假，在归队前夕，胡孟晋强忍离别之痛，书写此信与妻子张惠告别，抒发对妻子和家中的关切，以"舍小家，顾大家"的道理与妻子共勉。文末署名"群"为胡孟晋化名，"舒百"为舒城县百神庙。

张惠的祖父和父亲都教过书，父亲还曾任小学校长，并在广东汕头的《岭东日报》做过记者、编辑。张惠虽然没读过书，但受家庭的影响也粗通文化。更为重要的是，相对于同龄女子，张惠具有更强烈的国家意识，她从小就知道史可法、文天祥、岳飞等人的英雄故事。因此，1938 年春夏间，胡孟晋辞去养家糊口的教书工作并离开妻子和两个孩子参加新四军时，张惠是积极支持的，这在当时、当地并不多见。

正因为如此，胡孟晋对妻子寄予了更高的期望。在《辞别书》中，胡孟晋细致地向妻子阐释"皮之不存，毛何附焉？""国之不存家何在？"的正确处理"大家"与"小家"关系的道理；在国难当头之际，要担当"国危见忠臣"的匹夫之责；在面对家庭经济困难、生活痛苦之时，要辩证地认识到"富贵反多

忧"……

《红皖撷英》第10期(总第70期)

在探亲期间,他还利用难得而短暂的相聚时光,为妻子撰写《妇女抗敌协会讲演词》和《讲演注意事项》,积极鼓励和支持妻子勇敢地走出家门,参加妇女抗敌协会的各项工作,以组织动员更多的抗日力量,将侵略者赶出中国。

张惠没有辜负丈夫的期望。随后,张惠在家乡积极投身于"妇女抗敌协会"的组织工作,在胡孟晋烈士逝世后,她将几个孩子抚养成才。

母亲大人膝下敬禀者:顷奉大人八月中旬一札,敬悉一切。所言亢哥已逝与楣姐信息□,至于促男归舒,诚令男苦思久矣。溯自离乡六七年,虽乐得个人自敷,然并未习得任何技能,又何颜以持撑家务?何况乎近年来病魔纠缠贱身,要等待国运好转,民解倒悬的年头。然为期已不在远了。近阅报载,意国已无条件投降了,日军末日想亦可见。胜利时间迫近,不独国家幸运,亦即我家之幸运,惟请大人等不可过急。

敬请

　　康安

　　　　　　　　　　　　男　张崇栻谨上
　　　　　　　　　　　　　　　　十、十五

解　读:

　　这封家书为胡孟晋代内弟、战友张轼(张崇栻)书写,地点在皖江抗日根据地的无为。

◇ 丰碑永驻

当时，胡孟晋烈士为何要为战友代写这封家信呢？原因有二：一是大儿子张亢（张悔龙）逝世，张母急盼外出当兵的四子张轼（张崇栻）回家"撑持家务"；二是老人只知道受女婿胡孟晋影响，四子张轼也参加了新四军，但并不知道女婿胡孟晋战斗在第七师的无为，而四子张轼却战斗在第二师的定远，遂由长女张惠（张崇楣）代母写信由胡孟晋代转张轼。为了免却老人的急切思虑，胡孟晋故为内弟代写了这封回信。

胡孟晋代笔的这封家书，说理充分，情理交融。信中，先是以"并未习得任何技能"，且"病魔纠缠贱身"等托词为由，婉言拒绝了母亲"促男归舒（城）"以回家"撑持家务"的要求。为了安慰望眼欲穿的母亲，信中预告儿子回乡的日子"为期已不在远了"。因为"近阅报载"，在欧洲反法西斯战场，"意国（意大利）已无条件投降了"，在东方战场中国的"日军末日想亦可见"，取得抗日"胜利时间迫近"，这"不独国家幸运，亦即我家之幸运"。这句句朴实的话语，给予母亲以"不可过急"的丝丝安慰。

信中，"国运好转，民解倒悬"令人振奋，不仅表达了作者对取得抗日战争充满了必胜的信心，更抒发了作者在中国共产党领导下推翻三座大山、迎来新中国诞生的雄心壮志！

穿越烽火　真情记忆①

——重读《胡孟晋烈士抗战家书》

郭照东

在举国上下隆重纪念抗日战争胜利 70 周年之际,9 月 1 日,一场简朴的捐赠仪式在市档案馆举行。胡孟晋烈士长子胡德新将历经 70 多年风雨保存下来的弥足珍贵的 15 封抗战家书和两件信封原件,无偿捐献给该馆永久收藏展出。

受胡孟晋烈士亲属的委托,笔者曾承担这些抗战家书的校勘、整理工作,并于 2009 年编辑出版了《胡孟晋烈士抗战家书》一书。捐赠前,老领导胡德新同志邀我陪他前往,为此,在夜深人静之时,再次品读这些已泛黄的厚重家书。这十几封抗战家书,充分展现了作者胡孟晋烈士在民族危亡时刻拍案而起的英雄情怀,从投身抗日疆场第一线到开展党的秘密斗争的责任担当,在安徽沦陷决然弃教从戎到思妻念子的铁骨柔情。天各一方间鸿雁传情的烽火家书,勾勒出了亲情背后的时代风貌,重现了其他载体无法传达的历史场景,读来令人心灵受到震撼、得到净化。

《胡孟晋烈士抗战家书》

◇丰碑永驻

---

① 《蚌埠日报》,2015 年 9 月 7 日。

"国之不存家何在?"

最亲爱的惠呵,我们又要离别了! 当你听了离别的声音,或者不高兴吧! 亲爱的! 谁不愿骨肉的团聚,谁不留恋家庭的甜蜜,要知道国家民族重要,个人前途重要,因此又要别离亲人,而远征他乡了⋯⋯

畸形发展的中国,教育不普及,人民的知识简单,而妇女尤甚,只要家而不顾国。大难当头,应踊跃赴前线杀敌,而妇女们,阻碍其夫或其子之伟志。希望你将无知识的妇女组织起来,宣传和教育她们,使伊等知道"皮之不存,毛何附焉?""国之不存家何在?"使她们不致含泪终日,倚门遥望前线上的夫、子早日归来呢! (望胜利归来)

惠,最亲爱的人,你是妇女中的先进者,对于我这次的外出,请不要依恋。要知道你爱人的走,不是故意抛弃你,而是为着革命,为着独立自由幸福的新中国而努力奋斗的啊!

家庭经济之困难,生活之痛苦,我是深知的。要革命成功,须经过困难艰苦的阶段,当此环境中是要立定脚跟,具坚强之意志,任何之外诱,不可动摇的。"国危见忠臣",在困难中锻炼成真正的革命者啊!

⋯⋯

爱人呵! 你在无事的时候,多多阅读书报,可使你知识进步,多多想工作的方法,切不要空想,也不要太挂念在外的我,劳神伤身,于事无益。好好教养二个小孩,切忌打骂。处家事,对外人,言语态度等事,可参考我的日记和通信,要切实的做,不然我的心思枉费了,请你真正的做吧。否则,太对不起在外的人呢!

最亲爱的人! 你不要太念我,你的厚情我是知道的,我不是个薄情的人,请你放心,决不辜负你的热情呵!

在外的我,身体自知珍重,一切当知留心,请你安心在乡努力妇女解放的事业成为女英雄,我在外对革命之伟业亦更加努力呵! 别了! 别了!

此致

敬礼

(民国)廿八、十一、廿八,群于舒百

这封节选的《辞别书》家书写于 1939 年,地点为安徽省舒城县百神庙。此前,作者胡孟晋奉命自津浦路东抗日敌后返回家乡,开展党的秘密斗争。在结束与亲人两个月团聚即将归队之际,他化名"群",书写此信与妻子张惠告别,抒发对妻子和家中的关切,以"舍小家,顾大家"的道理与妻子共勉。

张惠出生于教育世家,虽没进过学堂,但受家庭影响粗通文化,相对于同龄女子,她具有更强烈的英雄情结,从小就知道文天祥、岳飞的故事。因此,1938 年春,胡孟晋辞去养家糊口的教师职业,抛妻别子毅然参加新四军时,张惠予以了支持。

正因为如此,胡孟晋对妻子寄予了更高的期望,在探亲期间,他利用难得而短暂的相聚时光,为妻子撰写了《妇女抗敌协会讲演词》和《讲演注意事项》,鼓励和支持妻子勇敢走出家门,参加妇女抗敌协会的各项工作,以组织动员更多的抗日力量,将日本侵略者赶出中国。

1938 年春参军后,胡孟晋在新四军四支队政治部战地服务团、新四军五支队司令部工作,奔走、转战于皖中、皖东各地,从事民运工作、统战工作和敌后抗日游击斗争,并在罗炳辉、汪道涵等的言传身教中迅速成长起来,于1938 年 10 月加入中国共产党,不仅成为一名宣传抗日救亡运动的演说家,更成为一名职业革命者。

为此,在《辞别书》中,胡孟晋耐心细致地向妻子阐释"皮之不存,毛何附焉?""国之不存家何在?"和正确处理"大家"与"小家"关系的道理;在国难当头之际,要担当"国危见忠臣"的匹夫之责;在面对家庭经济困难、生活痛苦之时,要辩证地认识到"富贵反多忧"……

张惠没有辜负丈夫的期望,她在家乡积极投身于"妇女抗敌协会"的组织工作,在胡孟晋烈士逝世后,她将几个孩子都抚养成才,2014 年以百岁高龄仙逝。

"因为生意很忙,没有回信"

静兄惠鉴:(回信写:无为县洪家巷□□□)

　　前次你来信我已收到,因为生意很忙,□[没]有回信,请你原谅。我在这里一切甚好,□[请]勿念。据传云立煌又失守,这话实否?又传□□广西军与中央军开火,省主席易人,这话实否? 你地有无广西军? 一切情形请告知。

双母亲均康安否? 二小孩好否? 门口亲□[属]统祈问安。

敬祝

春□

小弟　吉祥

古历三月初十日

这封家书未标出年份,据日军进犯立煌(今金寨)判定,应写于 1943 年 4 月 14 日(农历三月初十)。"静"为作者胡孟晋之妻张惠的化名,署名"吉祥"为胡孟晋的化名,"兄"、"小弟"分为尊称、谦辞。"生意",系暗语,指作者在皖江参加的敌后抗日斗争。

为坚持皖江地区的敌后抗日斗争,巩固和发展以无为为中心的皖江抗日民主根据地,1942 年冬,华中局决定,由淮南区党委抽调部分干部支援皖江。为此,1942 年底,津浦路东区党委秘书长、联防办事处秘书长张恺帆率领胡孟晋等六七十名淮南抗日根据地军政干部调往皖江,在极其复杂的巢湖以东地区(巢湖、无为、庐江、桐城边区)开辟新区。其间,1943 年至 1945 年春胡孟晋任中共(无为)五区工委(下辖 3 个区委)书记兼组织部长,抗战胜利前任中共白湖中心县委委员、宣传部长。

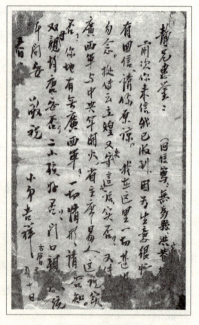

《吉祥致静兄》

巢湖以东地区是皖江抗日根据地通向皖西大别山的门户,同日、伪、顽的斗争极为复杂,就在书写这封家书的 1943 年 4 月,日伪军对无为实施了大规模的"扫荡",尤其是直接面对国民党顽固派广西军李本一部第 138 师第 527 团、第 528 团不时制造的"摩擦"。在这种险恶紧张的"三角"斗争环境中,胡孟晋植根于人民群众之中,白天周旋、奔波在乡间,夜晚则召集党组织负责人研究布置工作,坚定沉着地坚持这一地区的抗日斗争,为皖江抗日根据地的创建和发展做出了重要贡献。

"生意很忙"透视出作者在险恶环境下长期超负荷坚持工作的状态,但铁骨也有柔情时。尽管回信无法及时且仅为寥寥数语,但仍在家书中问候"双母亲(母亲、岳母)均康安否"、牵挂"二小孩(长子胡德新、次子胡勋)好否"和"门口亲属统祈问安",但在送上"我在这里一切甚好"宽慰妻子时,作者却隐瞒了因"生意很忙"而寝不安席、食不甘味已染上肺病的事实。

"国运好转,民解倒悬"

母亲大人膝下敬禀者:顷奉

大人八月中旬一札,敬悉一切。所言亢哥已逝与楣姐信息□,至于促男归舒,诚令男苦思久矣。溯自离乡六七年,虽乐得个□[人]自敷,然并未习得任何技能,又何颜以持撑家务?何况乎近年来病魔纠缠贱身,要等待国运好转,民解倒悬的年头。然为期□□[已不]在远了。近阅报载,意国已无条件投降了,口军□[末]日想亦可见。胜利时间迫近,不独国家幸运,□[亦]即我家之幸运,惟请

大人等不可过急。敬请

　　康安

　　　　　　　　　　　　　　　　男　张崇栻谨上

　　　　　　　　　　　　　　　　　　十、十五

这封家书写于1944年,为胡孟晋借内弟、战友张轼(张崇栻)之名写给岳母(即张轼母亲),地点在皖江抗日根据地的中心区无为。

作者为内弟代写这封家信的原因有二:一是岳母长子张亢(张悔龙)病故,她急盼参军在外的四子张轼(张崇栻)返家"持撑家务";二是老人只知道受女婿胡孟晋的影响,四子张轼也参加了新四军,但并不知晓女婿胡孟晋已由淮南地区转战于第七师活动的中心区无为,而张轼随第二师仍战斗在定远,遂要长女张惠(张崇楣)代母写信由胡孟晋代转张轼。为了减轻老人的思儿之苦,胡孟晋假借内弟之名代写了这封回信。

胡孟晋代笔的这封家书,说理充分,情理交融。信中,先是以"并未习得

◇ 丰碑永驻

任何技能"，且"病魔纠缠贱身"等托词为由，婉言拒绝了母亲"促男归舒（城）"以回家"持撑家务"的要求。为了安慰望眼欲穿的母亲，信中预告儿子回乡的日子"为期已不在远了"。因为"近阅报载"，在欧洲反法西斯战场，德意日法西斯轴心国之一的"意国（意大利）已无条件投降了"，在东方抗日主战场中国的"日军末日想亦可见"，中国人民取得抗日"胜利时间迫近"，这"不独国家幸运，亦即我家之幸运"，给母亲捎去了"不可过急"的丝丝安慰。

信中，"国运好转，民解倒悬"令人振奋，不仅表达了作者对取得抗日战争胜利充满了必胜信心，更抒发了作者对中国共产党领导人民推翻三座大山、憧憬新中国诞生的雄心壮志！

独特的视角见证了烽火连天的抗战时代。胡孟晋烈士抗战家书是不可多得的革命文物、珍贵的文献史料和开展爱国主义教育的活生生教科书，《人民日报》、《解放军报》、中央电视台、《半月谈》等曾予以广泛报道。

胡孟晋烈士简介：胡孟晋，1912 年出生于庐江，幼年移居舒城，原名永荣，字孟晋。1934 年毕业于安徽省立池州乡村师范后，返乡任教并任小学校长。1938 年春，参加新四军第四支队政治部战地服务团，在皖中、皖东组织开展抗日救亡运动，10 月加入中国共产党。翌年 7 月，任新四军第五支队支队司令部秘书，跟随司令员罗炳辉转战淮南敌后抗日。1940 年初，随汪道涵到津浦路东开辟敌后抗日游击根据地，曾任嘉山县委秘书兼自来桥区委书记。1943 年底，随张恺帆支援皖江抗日根据地，曾任五区工委书记兼组织部长、白湖中心县委委员兼宣传部长。1947 年 7 月病逝于河北故城，年仅 35 岁。舒城解放后，被批准为革命烈士。

15 封家书穿越烽火诉真情①

丰　静

9 月 1 日,蚌埠市 79 岁的胡德新老人手捧 15 封家书以及两枚信封,来到蚌埠市档案馆,自愿将其捐献。

原来,这 15 封家书以及两枚信封,是胡德新老人的父亲胡孟晋在 1938 年至 1945 年间寄给妻子张惠的信件。它们见证了烽火岁月下抗战烈士"舍小家,为大家"的高尚情怀,以及一段坚贞的爱情。

1936 年,师范学校毕业的胡孟晋回到老家舒城办学,经朋友介绍认识了张惠,不久成婚。两人婚后生活十分甜美,然而战争的炮火打断了这个小家庭平静的生活。1938 年,胡孟晋投笔从戎,积极投身抗日救亡运动,并加入新四军南征北战,随军东进寿县、肥东、全椒,在全椒县城关协助汪道涵同志开展统战工作,组织群众。胡孟晋从此与妻子张惠天各一方,以书信往来寄托相思。

张惠积极帮助丈夫,在生活困难时变卖家财支持丈夫抗日活动。胡孟晋对妻子也寄予了更高的期望,在通信中不断鼓励妻子参加妇女抗敌协会的各项工作,甚至利用短暂相聚时间,为妻子草拟一份《妇女抗敌协会讲演词》。

在保留下来的 15 封发黄的信纸上,洋溢着夫妻之间炽热的爱。"最亲爱的人,你不要太念我,你的厚情我是知道的,我不是个薄情的人,请你放心,决不辜负你的热情呵!""亲爱的,谁不愿骨肉的团聚,谁不留恋家庭的

◇
丰碑永驻

---

① 《安徽日报》,2015 年 9 月 2 日。作者系该报记者。

甜蜜,要知道国家民族重要,个人前途重要,因此,又要别离亲人,而远征他乡了……请你安心在乡努力妇女解放的事业成为女英雄,我在外对革命之伟业亦更加努力呵!别了,别了!"

然而,相知相爱的两人最终未能相聚。抗战胜利后,胡孟晋随军北撤家书不通,张惠从此与丈夫失去联系。1947年噩耗传来,因长期超负荷工作,胡孟晋不幸在河北故城县病故,张惠悲痛万分。1949年舒城解放后,张惠自带干粮,日夜兼程,用一床棉被包裹丈夫骸骨回到舒城老家安葬。

由于受国民党的迫害,1946年后,张惠带着三个孩子四处流浪。丈夫留给她的15封家书就成了最宝贵的念想。无论多么困难,张惠始终小心翼翼保存。直至2004年,跟随儿子胡德新在蚌埠生活的张惠委托弟弟整理装裱信件,胡孟晋烈士的事迹才为家人知晓。

2014年,百岁高龄的张惠老人离世。蚌埠市史志办副主任郭照东将15封家书影印、整理,集结成册。"母亲生前叮嘱我一定要保存好这15封家书。为了让更多人了解抗战年代的真实生活,使之更具有教育意义,我们家决定将信件

2015年9月1日,作者(右一)报道胡孟晋烈士家书捐赠仪式

交由地方史志、档案部门保管。"2015年,蚌埠市新档案馆建成在即,馆内具备恒温恒湿保存条件。在抗战胜利70周年之际,由蚌埠市史志办牵线搭桥,胡德新老人来到了这里。

"我们不仅要保存好,还要运用好这15封珍贵家书,通过数字化等科技手段将其融入新馆布展内容中去,让更多市民了解、感受抗日先烈的事迹。"蚌埠市档案局局长戚怀洋表示。

烽火连天家国情　一封家书抵万金^①

——烈士胡孟晋后代将珍藏的 15 封抗战家书献给蚌埠市档案馆

陈　瑶

2015 年 9 月 1 日,革命烈士胡孟晋的长子胡德新向蚌埠市档案馆捐献了 15 封抗战家书和两枚信封。这些浸透着血与火的家书真实再现了抗日战争时期普通百姓的苦难生活,以及抗日将士誓死保家卫国的民族气节。

2015 年 9 月 1 日,胡孟晋烈士长子胡德新(左)向蚌埠市档案馆捐赠 15 封家书和两枚信封

◇丰碑永驻

① 《淮河晨刊》,2015 年 9 月 2 日。作者系《蚌埠日报》记者。

胡孟晋烈士,生于 1912 年,安徽舒城人,20 世纪 30 年代毕业于池州师范学校,抗战爆发后参加了新四军战地服务团,转战安徽、江苏两地,后又随新四军北撤,1947 年病逝于河北。

胡孟晋在池州师范时,经朋友介绍,认识了张惠,双方情投意合,不久成婚。婚后生活甜美,二人感情甚笃。1938 年,结婚刚 4 年的胡孟晋弃笔从戎,夫妻离散倍感无奈和依恋。之后,胡孟晋在写给妻子的信中,时时以"舍小家,顾大家"的道理与妻子共勉,又在信中抒发对妻子的思念和对家中的关切。

翻看这些家书,可以感受到胡孟晋对妻子张惠的爱与思念,同时,他还在家书中安慰妻子,与妻子一起向往团聚的幸福生活。不仅如此,胡孟晋还在鼓励张惠积极参加妇女运动。

"亲爱的,谁不愿骨肉团聚,谁不留念家庭的甜蜜,要知道国家民族重要……""惠,最亲爱的人,你是妇女中先进者,对于我这次的外出,请不要依恋,要知道你爱人的走,不是故意的抛弃你,而是为着革命……""在外的我,身体自知珍重,一切当知留心,请你安心在乡努力妇女解放的事业成为女英雄,我在外对革命之伟业亦更加努力……"字里行间处处流露出一位无产阶级革命者的铁汉柔情。

1946 年后,胡孟晋随军北撤,家书不通,张惠从此与丈夫失联,由于受国民党迫害,她带着孩子四处逃难。1948 年,焦急等待丈夫消息的张惠才得知,胡孟晋已经在 1947 年随部队北撤至河北故城县时病故。1949 年,舒城解放后,张惠自带干粮,日夜兼程,赶到故城,用一床棉被包着丈夫骸骨,一路紧紧抱在怀中,迎回了舒城老家。

张惠后来随儿子到蚌埠居住,去年去世,享年 100 岁。

9 月 1 日上午,胡孟晋与张惠的长子胡德新将 15 封家书和两枚信封全部捐献给了市档案馆。

这 15 封抗战家书和两枚信封非常宝贵,因为抗战时期,物资紧缺,胡孟晋手边能找到什么纸就用什么纸写家书,有的信纸很薄,稍微碰一下就会脱落一点纸屑。胡德新说,捐赠以前,他把家书小心翼翼地放到塑料夹子里,收藏起来,家里来客人的时候,才偶尔把信拿出来给他们看,向他们介绍这段历史。但是每次拿出来看的时候,他都觉得信纸会遭到损伤,就因为太薄了。"如今放在市档案馆里展出,这些书信可以得到更好的保护,保存时间也更长,而且可以让更多人了解这段历史,尤其是让年轻人受到教育,从而发挥更大的价值。从这个意义上来说,捐赠这件事我并没有觉得舍不得。"胡德新说,母亲去世前,子女们也征求过母亲的意见,将这些家书捐献出去她是同意的。

胡孟晋烈士长子胡德新(左一)接受作者(左二)等采访

蚌埠市档案馆接受捐赠时,相关负责人表示,一定会将这15封家书和两枚信封保管好,现在新馆可以保证保管环境恒温恒湿,且安保系统完善,这些感人至深的抗战家书一定会被妥善安置。届时,这些家书将在二楼的基本展厅展出,更多的市民可以前来参观、学习。

战时家书抵万金[①]

张端宇

近日，革命烈士胡孟晋的长子胡德新向蚌埠市档案馆捐献了 15 封抗战家书和两枚信封。这些浸透着血与火的家书，真实再现了抗日战争时期普通百姓的苦难生活，以及抗日将士誓死保家卫国的民族气节。

胡孟晋烈士，生于 1912 年，安徽舒城人，抗战爆发后参加了新四军战地服务团，转战安徽、江苏两地，后又随新四军北撤，1947 年逝世于河北。胡孟晋在池州师范时，经朋友介绍，认识了张惠，双方情投意合，不久成婚。1938 年，结婚刚 4 年的胡孟晋投笔从戎，夫妻离散倍感无奈和依恋，之后，胡孟晋就常常以家书告慰妻子。胡孟晋之子胡德新说，翻看这些家书，可以感受到抗战时期父亲对母亲的爱与思念，以及战争给人民带来的苦难："当时的斗争情况、家庭情况，父亲他一再要求和教育我们家庭，要'舍小家、顾大家'、'国之不存家何在'，所以动员我们首先要想到国家的利益、民族的利益。"

1946 年后，胡孟晋随军北撤，家书不通，张惠从此与丈夫失联，由于受国民党迫害，她带着孩子四处逃难。1948 年，焦急等待丈夫消息的张惠才得知，胡孟晋已经在 1947 年随部队北撤至河北故城县时病故。

胡德新说，这些书信母亲直到去世已经珍藏了 70 多年。这 15 封抗战家书和两枚信封非常宝贵，因为抗战时期，物资紧缺，父亲胡孟晋手边能找到什么纸就用什么纸写家书，有的信纸很薄，稍微碰一下就会脱落一些纸屑。捐赠以前，胡德新把家书小心翼翼地放到塑料夹子里，收藏起来："我们弟兄

[①] 蚌埠新闻综合广播 2015 年 9 月 4 日微信公众号文字稿。作者系蚌埠广播电视台记者。

三个,我弟弟胡勋、胡俊,我们商量把家书的原件存放到蚌埠档案馆。因为这个档案馆条件比较好,可以使历史文物能够长久保存,也可以发挥更大的教育作用,让更多的人来了解革命前辈的革命精神和革命风貌。"

胡孟晋烈士长子胡德新(中)接受作者(左)等采访

蚌埠市史志办副主任郭照东说,现在新馆可以保证保管环境做到恒温恒湿,而且安保系统完善,这些家书是珍贵的革命文物,今后将在新的档案馆保存和展出:"它是教育后人珍贵的革命文物,它也对于我们研究抗战这段历史,尤其研究我们安徽抗战,比如淮南抗日根据地的敌后斗争,皖江抗日根据地的创建,都是第一手的珍贵历史文献。"

◇ 丰碑永驻

后　记

　　胡孟晋烈士是在国难当头投笔从戎的新四军战士,他在抗战生涯中书写了很多家书。这些历经 60 余年保留下来的珍贵家书,或畅谈抗战必胜的信念,或指导妻子从事抗日群众运动的方法,或流露出对亲人的思念,是抗战时期一个侧面历史的见证,不仅是不可多得的革命文物,而且具有很高的史料价值。

　　在抗战胜利 60 周年之际,胡孟晋烈士家书的发现,得到了媒体的广泛关注,中央电视台和《人民日报》《解放军报》《半月谈》《中国经济时报》《北京晨报》《新民晚报》《蚌埠日报》以及由中国国家博物馆等单位联合发起的"抢救民间家书"组委会等对其进行了深入的宣传报道。为纪念新中国成立 60 周年,大力弘扬新四军的"铁军"精神,广泛进行以爱国主义为核心的革命传统教育,不断加强抗战史的深入研究,蚌埠市新四军历史研究会、中共蚌埠市委党史研究室合作,整理、编辑、出版《胡孟晋烈士抗战家书》。

　　该书由烽火家书、深切缅怀、媒体追踪等部分组成。影印出版 15 封家书和两枚信封原件,并予以校勘、注释;征集、选刊了胡孟晋烈士亲友的部分回忆、缅怀文章;选编了报刊、互联网刊发的对胡孟晋烈士及其家书的部分报道。需要说明的是:一、由于家书年代久远而出现破损,使得有的字迹无法辨认,只得以"□"标明;二、由于媒体报道广泛,限于篇幅,只能选载其中的一部分,在尊重原文的同时,考虑到相关媒体的宣传角度,虽进行了精心编辑,但有的内容仍难免出现重复。

　　本书的出版得到了各级领导和相关单位、人士的支持帮助。胡孟晋烈士的战友,曾任蚌埠市委书记、市人大常委会主任、安徽省政协副主席,现任省新四军历史研究会常务副会长丁继哲欣然为之作序;中共安徽省委宣传部原副部长、省新四军历史研究会执行会长沈培新，省新四军历史研究会副会长王传厚，予以关心支持；胡孟晋烈士战友、安庆市政协原副主席张轼，对烈士家书精心整理，细心裱托，逐字抄录，并征集、撰写了部分稿件；烈士亲属张惠和胡德新、胡勋、胡俊等提供了珍贵资料；安庆市、滁州市、无为县、明光市、来安县等地党史、文史部门给予了热情帮助。在此，一并表示诚挚的谢意。

在本书的编辑出版过程中，市新四军历史研究会常务副会长谢永祥、朱明德，市委党史研究室主任、市新四军历史研究会副会长张红雨提出了很好的意见和建议。市委党史研究室副主任、市新四军历史研究会副秘书长郭照东担任本书的主编，对家书进行了校勘、注释，并承担了文稿的搜集、编校工作。

限于编者的水平，书中难免出现不足和疏漏之处，敬请读者批评指正。

编　者

2009 年 7 月于蚌埠

◇ 后
记

增订版后记

为纪念新中国成立 60 周年,大力弘扬革命烈士的不朽革命精神,2009 年,蚌埠市新四军历史研究会、市委党史研究室编印了《胡孟晋烈士抗战家书》一书。胡孟晋烈士天下兴亡、匹夫有责的爱国情怀深深感动了广大读者,1000 册图书很快全部赠送完毕。

此后,胡孟晋烈士家书中体现的"舍小家,顾大家""不做金钱的奴隶"等浩然正气,以及他在民族危亡之际坚定信念、勇于担当、坚韧不拔、无私奉献的优秀品德,再次引起了主流媒体的广泛关注,《人民日报》《光明日报》《解放军报》《人民日报海外版》、中央电视台、安徽广播电台、《安徽日报》、安徽电视台等先后多次予以深入宣传报道。尤其是 2016 年 12 月和 2018 年清明节,中央电视台在《重读抗战家书》《信·中国》栏目的深入宣传,使胡孟晋烈士抗战家书走进千家万户,观众对胡孟晋烈士家书透视出的时代价值产生了广泛共鸣,观众通过不同渠道纷纷索取《胡孟晋烈士抗战家书》一书。为了满足观众的迫切要求,蚌埠市新四军历史研究会、市史志办公室、市关工委商定,在对 2009 年书稿进行适当增订后予以公开出版。

安徽人民出版社认为该书选题很好,胡孟晋烈士抗战家书具有珍贵的史料价值和重要的现实意义,是难得的开展爱国主义教育的活生生教科书。为此,出版社指定资深编辑担任该书责任编辑,并表示努力扩大发行范围,真正发挥该书应有的教育作用。

这次增订主要体现在三个方面,一是对 2009 年书稿再次进行校订,并删减部分篇目;二是新增 2009 年以来部分主流媒体刊载或播出的 24 篇文稿;三是按照安徽人民出版社的要求,为全部文稿选配图片,做到图文并茂。需要说明的是,本书限于篇幅,仅传统媒体宣传报道胡孟晋烈士抗战家书的就有多篇未能收入：

《百姓家书里有世事人情变迁》,《新民晚报》,2005 年 6 月 21 日；

《七夕节：爱情家书催人泪下》,《北京晨报》,2005 年 8 月 11 日；

《58 封抗战家书讲述抗战故事》,《北京晚报》,2005 年 8 月 30 日；

《百姓家书征集逾 1.5 万封,其中抗战家书感人至深》,新华社,2005 年 8 月 31 日；

《不让日寇渡过浏阳河》,《三湘都市报》,2005 年 9 月 1 日；

《穿越烽火　真情记忆》,《山东生活日报》,2005 年 9 月 2 日；

《新四军家书让父母成泪人》,《北京娱乐信报》,2005 年 9 月 4 日；

《记载血雨腥风——抗战家书展现英雄情怀》,《北京晨报》,2005 年 9 月 5 日；

《抗战家书：穿越血与火的回忆》,《中外期刊文萃》,2005 年第 17 期；

《红色家书》,《燕山大学报》,2011 年 5 月 15 日；

《烈士胡孟晋的致妻家书》,《工会博览》（下旬刊）,2011 年第 5 期；

《抗战家书：洞见一个不可磨灭的时代》,《工人日报》,2015 年 8 月 24 日；

《胡孟晋写给妻子张惠的信》,《党史文汇》,2015 年第 4 期；

《我读〈抗日家书〉》,《太原晚报》,2015 年 9 月 6 日；

《致敬以"新"换"心"的原创》,《东方烟草报》,2018 年 5 月 3 日。

本书共收入 59 篇文稿,由烽火家书、深切缅怀、媒体传真、丰碑永驻等五个部分组成。"烽火家书"影印出版胡孟晋烈士抗战家书原件,并予以校勘、注释；"深切缅怀"征集、选刊了胡孟晋烈士战友、亲友的部分回忆、缅怀文章；"媒体传真"选编了部分主流媒体刊发或播出的对胡孟晋烈士及其家书的深度宣传报道；"丰碑永驻"则为研究者从不同角度对胡孟晋烈士抗战家书的历史价值、时代精神的解读与初探。在选编媒体宣传报道文稿时,在尊重原文的同时,虽力求避免但仍存在部分内容重复现象。

中共蚌埠市委对本书的出版非常重视。市委副书记、组织部长、统战部长胡朝荣几次做出批示,提出具体要求,并在百忙中审读了全部书稿。其间,还得到了相关单位、人士的鼎力支持。烈士亲属胡德新、胡勋、胡俊和胡晓舒、胡雪松、胡卫东、胡东进、胡婷婷、胡宁、林蕾、林静等提供了珍贵资料；淮安市、滁州市、六安市、舒城县、明光市、来安县等地党史部门和舒城中学、桐城网等都给予了热情帮助。在此，一并表示诚挚的谢意。

在本书的编辑出版过程中，市关工委常务副主任王新宝，市史志办主任、市新四军历史研究会副会长李世昌提出了很好的意见和建议。市史志办副主任、市新四军历史研究会副会长兼秘书长郭照东负责本书的策划、篇目的选编，市新四军历史研究会副秘书长彭劲秀和市史志办副调研员朱渝军、科长孙沂凤参与了部分文稿的编校和图片拍摄等工作。

限于编者的水平，书中难免出现不足和疏漏之处，敬请读者批评指正。

编　者

2018 年 8 月